これからの
保育
シリーズ
10

生きづらさを抱えた子の本当の発達支援

コミュニケーションと自己コントロール編

成沢真介

風鳴舎

（本書について）
　子どもの発達にとって大切なことや誤解されがちな子どもたちの生きづらさとは何か項目ごとに考えます。子どもの行動には理由があり大人がそれをどう受け止め解釈するかが問われます。背景にあるものに目を向け「そういうことだったのか」とわかった時、子どもとつながるきっかけが生まれます。子どもと大人は相互に関わり合いながら育つ関係です。生きづらさを抱えながらも毎日を一緒に過ごす中でお互いが成長するための一冊です。
　本書は「これからの保育シリーズ」の一冊ですが、小学校から思春期までの継続した子どもの育ちの内容を含んでいます。

（生きづらさの内容）
　友達や先生、親との関わりが上手くいかずに自分でもどうして良いのかわからない、わがまま、自分勝手と思われがちな子どもは周囲が思うよりもずっと困っています。この本では主に発達「障がい」やその周辺の子ども達についてコミュニケーションや関わり方、感覚の交通整理などの面からの"生きづらさ"を考えました。「障がい」と診断されてはいませんが、敏感すぎたり学校に行けないなどの生きづらさを感じている子ども達の子育てにもお役立てください。

はじめに

　私は特別支援教育の現場で30年間勤務させていただきました。深い森の中で出会った児童生徒たちは常にそのままの私を受け入れてくれました。癒され、学び、励まされる毎日。特に訪問教育ではご家族にも癒され続けました。つながっている実感や受け入れてもらえる、共感してもらえる喜びが、どれほど生きる力になったことでしょう。私と同じように子どもたちや保護者から力をもらって働いていらっしゃる方々も多いことでしょう。

　その一方で、うまくいかないことやトラブルなどにぶつかり、自分自身のやる気や自己肯定感が下がってしまうことがあるかもしれません。

　「障がい」の線引きは診断によってなされますが、生きづらさの線引きは自分の中にあります。生きづらさを抱える子どもの育ちを考えることと、自分自身の生きづらさを考えることはどこかで繋がっています。

　生きづらさは人によってさまざまです。この本では主に発達「障がい」やその周辺の子ども達を想定していますが、その他の子ども達にも応用できると思います。それらの子どもたちの育ちについて、私が経験したり、教えられたり、考えたりした事柄についてお話しようと思います。

　生きづらさを抱える子どもはみんな違いますから、口で言うほどそう簡単にいかないでしょう。「こんな子には、こうやれば上手くいきます。」というような、そんな単純なことであるはずがありません。だからこそ子どもは面白く、それが醍醐味でもあります。本書の各項目から皆さん一人一人が考え、消化吸収し、噛み砕いて目の前のお子さんに合う料理にして頂きたいのです。そういう意味でこの本はレシピ本のように見えながら何でもよく切れる一本のナイフ、深い森で道に迷わないための羅針盤のような本にしたいと思っています。

　子どもたちに関わる皆さんの気持ちが少しでも軽くなること、お役に立つことを心から願っております。

成沢真介

目次

第**3**章　育ちに役立つ知識　　　　　　　　097

第 1 章

発達を知ろう

1-1　矛盾があるから成長する

■そのままではいられない

植物の種はどうしてずっと種のままでいないのでしょうか？　種の中に種のままでいさせない「何か」があるからです。芽が出ても芽のままではいません。芽の中に芽のままでいさせない「何か」があるからです。花が咲いても同じです。花をずっと見たいと思っても花のままではいられないのです。花の中にも花のままではいさせない「何か」があるからです。

これは植物に限ったことではありません。人間も同じです。**必ず成長するのです。そのままではいさせない「何か」とは矛盾のことです。**矛盾とは成長の原動力といっても良いと思います。

■どんな子も幸せになりたいと思っている

不幸になりたい、と思っている生物はいません。人間も同じです。どのような言動も根底にはその子なりに「成長したい」という思いがあります。言動の表層だけではなく奥にある願いに想いを馳せましょう。

新築の家に行かせてもらって「素敵な壁紙ですね」とか「良い感じのフローリングですね」などと見える所は褒めることができますが、構造体など見えない所は褒めようがありません。しかし見えない所ほど大切なものなのです。

「見えない所ほど大切とは言っても、こういうケースのこの言動はいかがなものでしょうか。」と言う声が聞こえて来そうです。2章以降でさまざまなケースの対応についてお話しますが、「あと20年後もこの子はこういう言動をしているだろうか。」と考えてみることです。20年後には今の言動はしていないでしょう。生物は必ず成長します。

1人の子どもとして認め、共に生きることです。その上で「障がい」の特性を理解して、一人一人の子どもと接していれば大きく間違った対応をすることはないでしょう。それよりも、関わる大人が心の余裕をもち、自己コントロールできるようにすることです。子どもからの見えないメッセージに耳を傾けましょう。仕事一辺倒ではなく、趣味や自由な時間を大切にしましょう。自分が変われば子どもも変わります。

広い心で見守りましょう。
20年後も今と同じことはしていません。

Point

● 不幸になりたいと思う生物はいません。人間も同じです。

母性的なものがあるから父性的な学びが実る

■■ 生きていく力の基になる母性的なもの

　小さい頃に子どもが望んだことを満たしてあげること。自分は受け入れられている、愛されていると子どもが実感できるような関わりをすることが大切です。愛されていると実感することで自信をもてます。自信をもてれば我慢ができるし規則にも従うこともできます。安心できる相手、受け入れてもらえる相手、えこひいきしてくれる相手がいること、これが集団の中で生きていく基盤になります。えこひいきという言葉にはマイナスのイメージがありますが、その子の良いところだけを受け入れる、感じるということです。

　おしゃべりを聞いてあげる、抱きしめてあげる、やさしい言葉をかける、一緒に遊ぶ等々、やり方はさまざまですが、本人が「愛されている」と感じることをしてあげることです。そして**家庭は自分を愛してくれる人が待っていてくれる場所であり、学校園は自分をわかって受け入れてくれる先生が待っていてくれる場所であれば良いのです。**

■■ 母性的なものが先、父性的なものは後

　母性的なものが十分に与えられていないと、父性的なものは受け入れることができません。愛されて育った人は自分を信じる力があります。それは他の人を信じる力でもあります。愛してくれる人、身方になってくれる人が多い人ほど他の人を信じることはできるものです。

　小さい頃に十分に母性的なものを与えられていないと思春期以降の問題に発展する可能性があります。母性的なものが足りていない若者にいくら父性的なことを伝えようとしても伝わらないでしょう。

　最近は、大人が自分のことを優先して、子どもにアンテナが立っていない場面がよく見られます。子どもがミミズを発見して驚き、お母さんを見るとスマホに夢中。子どもが話しかけてもスマホを見ながら上の空で返事をする。残念ながら大人の子育て力が落ちてきていると感じることがあります。家庭の中で「おはよう」「ただいま」「おかえりなさい」「いってらっしゃい」などの挨拶が気持ちよく言える家庭であってほしいものです。

可愛がられた体験が自分を支えます。

愛されていると実感する事で
自信を持てる

自信を持てれば
我慢もできる

⬇

自立の基礎

BAD

ママァ

スマホに
夢中…

GOOD

ママァ

ミミズ
だね

Point

● 子どもにアンテナを張っていることが大切です。

感覚の刺激があるから成長する

■刺激だらけの中で生きている

　見る、聞く、触る、感じる、動くなどさまざまな感覚刺激を受けることで人は成長します。その中で、手足の動きや位置感覚、バランス感覚、外界との調整などを高次化してゆきコミュニケーションがとれるようになります。それらの機能が上手くいかないと愛着行動やスキンシップなどが阻害され、人間関係や社会性の発達に影響を与えます。

■原始系と識別系

　微生物は外からの異物を皮膚で判断しています。取り込んで栄養にできる物か排斥すべき物か判断するのです。人が暗闇の中で首や胸などを触られたら大声を出すでしょう。こういう**生命維持や本能に関わる働きを原始系の働きといいます。**

　それに対して識別系の働きがあります。目をつぶって何かに触った時に、それがスマホでもコップでも畳でもそれだとわかります。何を触っているのか、どこを触られているのか見なくてもわかります。これが識別系です。

　われわれは日常生活で原始系と識別系を上手く使い分けていますが、発達障がいの子の中には原始系が暴走してしまいバランスが崩れる子がいます。ほどほどということが苦手なのです。グニャグニャするものや回るものから離れられずに取り込んでしまう。好きすぎることから離れられないのです。

　例えば、水遊びが好きで止められない子には食器洗いの仕事を頼み、終わったら褒めておやつやお買い物に行くなどして気持ちが調整できる仕掛けを考えてみましょう。

　反対に嫌な物はシャットアウトして排斥してしまうことがあります。髪や爪を切らせない、耳垢をとらせない、マスクをしたがらない、帽子を嫌がる等々。これらは原始系が暴走している状態です。触覚防衛と呼ばれ頭や顔、首、お腹など命に関わる部位の近くに出やすいとされます。これも無理せず気持ちが落ちついている時に信頼できる人と一緒に少しずつ乗り越えて行きたいものです。

　識別系が育つことにより原始系の暴走が止められるので、触って何か当てる手探り遊びや身体のどこを触ったのか当てる遊び等、「識別する」力を育てる遊びを取り入れてみましょう。

いろいろな感覚刺激という栄養が発達を促します。

見る
嗅ぐ
聞く
刺激で成長する子
触る
動く
食べる

触覚

原始系	識別系
嫌なので排除する働き 好きすぎて取り込んでしまう働き	識別する働き

Point

● 感覚刺激を上手に取り入れ調整できにくい子がいます。

1章
発達を知ろう

1-4 乳幼児期の育ち〜十分な依存体験

■子どもは変化する存在

　矛盾があるから成長しますが、「できる、できない」だけでなく、「できそうなこと」が次の段階にステップアップさせます。しかし、ジャンプするためには一度しゃがまなければいけません。時として次の大きな育ちの準備として停滞しているように見えることもあります。

■コミュニケーションの土台

　抱っこや添い寝、泣くとお乳がもらえたりオムツを交換してもらえたりする快刺激の獲得や、笑顔や笑い声を聞くことからもコミュニケーションの土台づくりは始まっています。物を触ったり、舐めたり、握りしめたりしながら認識できる世界を広げ、やがて手さし指さしで意思を示し、自我が芽生えて内言語を増やしながら言葉を話すようになります。

　例えば、ルールのわからないゲームに最初からプレイヤーとして参加しているうちにルールがわかって来るようなものです。こうしてはいけません、ということを教える時期ではなく要求に応えてあげる時期です。人を信頼する、豊かな人間関係を築く土台が育つ大切な時期です。

■自律心の土台

　好奇心をもって自分で考え、行動しながら学びます。この時期に習得することは将来の自律にとても大切です。十分な依存体験が基になって自律心が育つ時期なのです。学んでほしいことは「こうしてはいけない、こうする」と淡々と教えましょう。また、友達と遊ぶことで自分とは違う考えや行動を目の当たりにします。気持ちを調整し、協調しながら遊ぶことができるようになってきます。相手を理解することで自己への認識を深め「こんなことをしたら〜ちゃんはどう思うだろう？」と考えるようになります。

　周囲の大人にできることは待つことです。最善をつくした後は、安心して良いよ、というメッセージを届けましょう。注意ばかりになって今のままのあなたは好きではない、というメッセージにならないことです。成長の妨げになるようなことをしなければ良いのです。沢山の友達と楽しく遊べたら良いのです。

子どもの要求に応えることで子どもは人を信頼することを学びます。

サリーとアンの課題

1 サリーがボールで遊んでいました。	**2** バスケットの中にボールを入れて遊びに行きました。
3 アンがバスケットの中のボールを箱の中に入れ替えました。	**4** サリーが戻りボールで遊ぼうとしました。どこを探すでしょう？

就学年齢になると大半の子は「バスケットの中」と正解を答える。

相手の心が読みにくい子は「箱の中(ボールはそこにある)」と答える。

Point

● 相手の心を理解できるようになる時期ですが、それが難しい子がいます。

1-5 児童期の育ち〜満足するまでやり尽くす

■■ 多くの友達と遊ぶ、活動する大切さ

　私が学校生活で楽しかったのは休み時間や放課後でした。生き生きとした活動の中にこそ得ることがあります。嫌々することはなかなか身につきません。先生や親から教えてもらうことは大切ですが、沢山の友達と話すこと、遊ぶこと、活動することはもっと大切です。休み時間や放課後はそういう時間でした。その中で学んだことはテストの点には結びつきませんが、将来の自立した生活に不可欠です。社会性の育ちにとって、この時期の友達関係は多い方が良いでしょう。**何事も十分に満足する程やり尽くさなければ次の段階には進めません。**

■■ 困った行動が表面化しやすい時期

　自信が持てず、人が信頼できないために不登校になる子、大人の過剰な要求や自分の希望が受け入れられず欲求不満が募って乱暴やいじめをする子、大人の期待に答えようとして良い子になろうとする子、愛情を確かめるために人の嫌がることをする子等々、困ったことが表面化しやすいのはこの時期からです。

　発達「障がい」の子どもは、さまざまな理由によりコミュニケーションが上手くいきません。落ち着きがなく乱暴な子もいます。知的障がいのある子は、算数で繰り上がりや繰り下がりの計算問題が出る2年生頃から学習に遅れが出始めて特別支援学級に入級するケースもあります。いつも少し遅れて行動する子は先生の指示の内容がわからないために友達の行動を見てから行動するので遅れてしまいます。

　子ども達の行動には原因となる背景があります。指示がわからないのかもしれない子どもには視覚的に、ゆっくりとした指示を出しましょう。子どもの気持ちに寄り添いながら行動を修正していきましょう。

　共感してくれる大人が近くにいたかどうかということは発育に影響を与えます。

　支援者が心に余裕をもてることが大切です。自分自身の生活に潤いをもたせること、子どもと一緒にいる時間を楽しめること、困った時には相談できる相手をつくることを心がけましょう。

他の子より少し遅れて行動するのは指示がわかっていない可能性があります。

この時期の友達関係は
多い方が望ましい

何事も十分に満足するほどやり尽くさなければ
次の段階には進めません。

(!) 先生の指示がわかっていないため、友達の行動を見てから行動するので遅れてしまいます。

(◎) 視覚的に、ゆっくりとした指示を出しましょう。

Point

- 好きでやることは身につきやすく、嫌々やることは身につきにくいものです。

思春期の育ち〜共感する・わかりやすい環境・これ以上怒って傷つけない

■ 友達を通して自分を知る

　自分が与えられたものしか人に与えることはできません。

　「障がい」の有無に関わらず、共感される環境で育ったか、優しくされたかということはとても大切です。自分が幸せなら他人に優しくできるし、がまんもできるのです。

　この時期は鏡を見て容姿を気にするようになります。内面的にも友達を通して自分を知り、お互いを認める存在として求め合う時期です。児童期に多くの友達と遊ぶ経験がないと、そういう友達づくりができにくくなります。質より量の児童期を基盤にして、量より質の友達が大切になります。

■ 2次「障がい」を防ぐことが大切

　辛い思いをしているのに、そのことが周囲にわかりにくいのが発達「障がい」の子ども達です。小さい頃から共感的で温かくわかりやすい環境で育った子と、そうではない子とでは思春期になってからの生活に差が出ます。友達とのトラブルや極端な場合には触法行為に至るケースもあります。こういう2次障がいを防ぐためにも「共感」と、わかりやすい環境づくりが大切なのです。

　何をするのか、どれだけするのか、終わったら次に何があるのか、ダメと言われずにできることを視覚的に教えましょう。「廊下は走らない」ではなく「廊下は歩く」と教えます。そして、こうやったらこんなに良いことがある、ということを体験させてあげましょう。褒められるのか、何か買ってもらえるのか、食事に行くのか、本人にとってご褒美となることは何かわかっていることが必要です。

　反対にこんなことをしたらこうなりますというルールを提示する場合もあるでしょう。我々が暗黙の了解で守っている法律はルールの最たるものです。視覚的にルールを教えましょう。その基になるのが本人の困っていることに寄り添い、共感することです。

　本人を認めて繋がっている感覚がもてるように共通の話題を模索しましょう。思春期になって問題を起こす子ども達は、これまでの理不尽な叱責に傷ついています。**今からでも共感の姿勢、わかりやすい環境作りからやり直すことです。**

優しくされた子どもは人に優しくできます。

自分が優しくされた子どもは人にも優しくできる

自分の外見も内面も気にするようになる

友達を通して自分を知る。お互いを認める存在としての友達が大切になる

ダメと言わずにすることを伝える方がわかりやすい

Point

● 問題を起こす子は大人へメッセージを送っています。

子どもの育ちが困難なわけ①

■自分で育つ力

　子どもはさまざまな感覚刺激を取り込みながら、学習や修正を重ねて育ちます。この力が弱いとコミュニケーションが上手くいかない、適切な行動ができにくいなど困った状態を呈します。例えば、触られる、目を合わせるという刺激が苦手な子どもは、コミュニケーションの基盤となる安心感や共感性が育ちにくくなります。また、揺れたり姿勢のバランスをとったりするのが苦手だと身体運動が積極的にできないため平衡感覚が育ちにくくなります。**嫌な刺激を回避しようとするため成長が阻害されるのです。**脳の配線回路に何らかのトラブルが生じて、情報の交通整理ができにくくなっている可能性があります。感覚刺激は脳の栄養剤なので、感覚情報が上手く機能するような働きかけが有効です。自分で育つ力が弱い子どもの状態像を的確に把握することが重要です。

■子どもの状態像から 原因を推測する

　困った行動の原因を推測できるかどうかが決め手です。多動は、不要な刺激を制御できない、覚醒レベルが低いため動くことで覚醒しようとしている可能性があります。多くの場合、年齢が上がるにつれて減少します。歯医者で麻酔をした時に舌で触りたくなるように、鈍感なところには感覚刺激を入れようとします。クルクル回る、ジャンプする、ストレスなどによる自傷行動ではなく原因が不明で自分を叩いたり噛みついたりするのはこれと似ています。攻撃としての噛みつく、引っかくは原始的な形態で、殴る、蹴るという攻撃は高次化した形態です。自分より強い相手と戦う時には寝ころびます。不安定な二足歩行よりも安定した寝ころぶという形態の方が有利ということを本能的に知っています。寝ころんでだだをこねるのはそのためです。火傷や歯痛の時に冷やすように、冷たい感覚は他の感覚を遮断します。マスク、耳垢をとる、爪切り、歯みがきなどを嫌がるのは触覚の原始系（前項目参照）が出ている可能性があります。穏やかな感覚情報は原始系が出やすいため、触る場合にはギュッと触る方が安心できます。不眠の対応としてはタオルケットなどでの適度な締め付けにより眠れる場合があります。

感覚刺激の調整が上手くいかないために成長が妨げられがちです。

情報処理がうまくつかず、困った行動を起こしがち

Point

● 穏やかな感覚刺激は逆に原始系が出やすくなります。

子どもの育ちが困難なわけ②

■ 子どもは行動で伝えるしかない

　みんなと同じようにじっと座っていられない、友達を叩いてしまう、我慢ができない、物を壊す、忘れ物が多いなど、**困った行動の背景に何があるのかいろいろ想像してみることが大切です。**例えば、このように、です。

【じっと座っていられない】
　筋緊張（筋力とは違います）が弱い？、他の刺激に敏感で集中できない？、授業がわからない？、気になることがある？…

【友達を叩いてしまう・我慢できない】
　他の伝え方がわからない？、受け止め共感された経験が少ない？、脳内のブレーキ（自己コントロール）が効かない？、抑止力がない？、叩くことで利益がある？…

【物を壊す】
　ストレスが溜まっている？（わからない、注意ばかりされることによるストレスは多いと思います）、言葉での伝え方を知らない？、衝動を抑えることができにくい？、壊すことで利益

がある？…

■ 想像力のアンテナをはる

　言葉で気持ちを伝えることができにくい子ども達なので、大人が原因を探るしかありません。**子どもは行動で伝えているのですが、それを受け止めるアンテナを大人がもっているかどうかが試されます。**アンテナを張って考えなければ、子どもから言葉で伝えてくることはないのです。車椅子や白杖などと違ってわかりにくい「障がい」です。想像力や知識の無い大人によって自分勝手、わがままと判断され、傷つき、理不尽な環境におかれないよう細心の注意が必要です。少なくとも学校や幼稚園、保育園でそのようなことがあってはなりません。困った行動ばかりに目を向けるのではなく、子どもの全体を見て良いところを伸ばしましょう。
　ここに書いた原因がすべてではありません。合理的配慮や人権擁護の観点からも一人の大人の判断ではなく、関係機関とも連携して子どもの状態像から原因を推測しましょう。

本人の困っていることと周囲の困っていることは違います。

車椅子や白杖などと違ってわかりにくい障がいなので
理不尽な環境におかれないよう細心の注意が必要

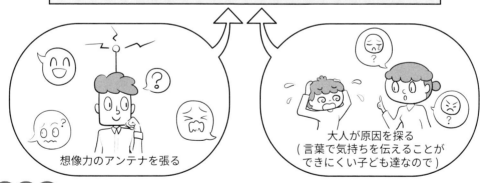

想像力のアンテナを張る

大人が原因を探る
(言葉で気持ちを伝えることが
できにくい子ども達なので)

Point

● 言葉で気持ちを伝えるのが苦手な子ども達なので困っていることを大人
が想像することが大切です。

コラム 1

漫画やテレビ番組の力

　クレヨンしんちゃんを取り巻く個性的な友達や家族、先生の中で私はとりわけ園長先生が好きです。強制することなく子どもを見守り自分はいつもトホホな状態。「えんそくバス」（童心社）という絵本に出てくる園長先生も同じようなキャラクターで子どもから愛されています。

　私は小学生の頃、「がきデカ」という漫画が大好きで影響を受けました。「あしたのジョー」も食い入るように観ていました。主人公の矢吹ジョーの才能を見抜いて寄り添い導く丹下段平というキャラクターに憧れました。漫画やテレビ番組は子どもに計り知れない影響を与えるものです。

　サザエさんの話でカツオや中島くんと特別支援学級の友達の回があったり、ちびまる子ちゃんが特別支援学校の子どもと交流したり、ドラえもんの中で空飛ぶ車椅子や未来の幼稚園、保育園、特別支援学校の話などがあると面白いなと思います。発達「障がい」の青年が主人公の仮面ライダーアスペルガーやアイヌ民族の青年が精霊の力により変身する仮面ライダーカムイなども観てみたいものです。子どもがよく見る番組にもっと「障がい」児やマイノリティのキャラクターが出て来て身近な存在になると良いなと思います。

　そうだ、この場を借りてお願いしよう！　テレビやアニメの番組関係者の皆様、どうかご一考いただけませんでしょうか！

困っているから
成長する

2-1 見える言葉、見えない言葉

■ 子どもに応じて 言葉を使い分ける

①スイカ、時計、テレビ、ケーキ、ピアノ、カブトムシ……

　　　　これらは実物として存在します。

②優しさ、涼しさ、ゆっくり、嬉しい、実物、いろいろ……

　　　　これらは実物として存在しません。

①は目に見えますが、②は目には見えません。話し言葉のほとんどは②です。話し言葉が理解できにくい視覚優位の子にとって①はわかりやすいのですが、②はわかりにくいのです。聴覚情報のノイズをシャットアウトして、何も言わずに絵や実物、ジェスチャーで提示する方が良い子がいます。**その子のわかる程度に応じて言葉を少なくしたり、視覚情報を多くしたりする必要があります。**

■ わかりすぎて困る子はいない

プールに入れなくなるとパニックになる子がいました。プールがないのは水温と気温を足して50度にならない時です、プールの代わりにトランポリンをします。ということを絵と文字で伝えると落ち着きました。他の子にもわかりやすかったと思います。視覚提示は多い方が良いのですが、どこを見るのかわかるようにひとつずつ順序立てて提示しましょう。また、実物と絵や写真のどちらがわかりやすいのか、その子の認知レベルに合わせる必要があります。イチゴの絵を見てイチゴだとわかるのは「これは絵に描いたイチゴ」だとわかっている子です。わからない子にとってはただの紙です。

写真の視覚情報は伝えたい物以外の情報が含まれているので、必要な部分以外を切り取る方が混乱を防げます。また、話す内容がわかりやすいかどうかは、どれだけ絵にできるかで測れます。

「明日から夏休みですね。元気に過ごしてまた9月に会いましょう。」と言う話に実物はありません。すべて②です。話し言葉の実物不足を補うのが視覚情報です。**大人が当たり前だと思っていても子どもにとってはわかりにくいことがあります。わかりすぎて困ることはありませんが、わからないと困ります。**道路標識や広告など、どんな人にも本気で伝えようとする物には視覚情報がたくさん含まれていますね。

言葉には実物として存在するものとそうでないものがあります。

実物として存在する	実物としては存在しない
苺　鉛筆　猫　時計	優しさ、涼しい、休む 暑い、楽しい 実物、存在 （概念のみ）

話す時に気を付けること
・なるべく短く
・内容がイメージしやすいように

明日から夏休みですね。
元気に過ごしてまた９月に
会いましょう

↑
目に見えない言葉

Point
● わからないと困りますが、わかりすぎて困ることはありません。

2-2 まず土台を安定させる

■ 心と体が安定していること

　感覚情報の交通整理が上手くいくと環境に合わせた身体のコントロールができるようになり、最終段階としてコミュニケーションや学習活動ができるようになります。三角形の頂点にあるのが会話や学習です。**共感し愛されることも含めて土台が安定していない子どもは、会話や学習よりも土台を安定させる適切な感覚刺激や関係性の構築、環境設定などが必要です。**不安や心配、体調の善し悪しなどは会話や学習に大きな影響を与えます。大人でも初めての人に会う時や初めての場所に行く時には不安になるように、わからないのは不安や心配の原因になります。わかる環境作りも含めて、まず土台となる橋を安定させることがコミュニケーションの基本です。

■ 自分に必要な栄養は
■ 自分が知っている

　子どもは自分に必要な栄養を要求します。栄養とは感覚刺激だったり人だったり環境（課題を含め）だったりさまざまです。子どもが喜ばないのは栄養を取り込む準備ができていない、

つまり現状に合っていないためです。感覚刺激については、子どもが選べるような刺激を沢山用意しましょう。揺れる、回る、ジャンプする、さまざまな感触に触れる、上がる、降りる等々。同じ揺れるでもブランコとプールに浮かべたゴムマットの上では違うのでバリエーションを考えましょう。子どもは自分に合った（自分を成長させる）感覚刺激を選びます。その中で一緒に楽しい時間を共有しましょう。子どもにとっても大人にとってもかけがいのない時間となるはずです。

■ 自分に取り込まれるのを防ぐ

　原始系が出てしまい水遊びなどが好きすぎて止められなくなる子どもがいます。必要な栄養ではなく取り込まれてしまうのです。禁止するのではなく食器洗いをして全部終わったら次に絵本を読む等、終わりを明確にして次に興味のある活動を用意しましょう。終わりの提示方法としてタイマーを使用する場合は、いつも好きな活動を止めさせられるだけのシンボルにならないように留意しましょう。終わったら給食など好きなことが待っているというシンボルにすることが大切です。

子どもは、自分の成長に必要な刺激を好みます。

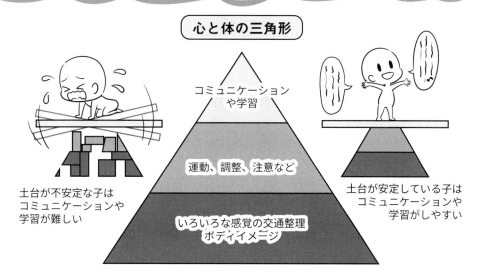

心と体の三角形

コミュニケーションや学習

運動、調整、注意など

いろいろな感覚の交通整理
ボディイメージ

土台が不安定な子は
コミュニケーションや
学習が難しい

土台が安定している子は
コミュニケーションや
学習がしやすい

育ちに必要な刺激は自分が一番わかっている
子どもが選べるように
さまざまな刺激を用意しましょう

止められないほど水が好きな子には
①終わりを明確に
②次に興味のある活動を用意しておく

これだけ洗い終わったら絵本を読もうね

Point

● 大人にできることは、子どもが選べるような刺激をたくさん用意することです。

2-3 見る、聞く、触るなど、情報が入ってくるところで配慮の必要な子

■「見る」に問題があると

どこを見て良いのかわからない、ホワイトボードの小さな傷や窓の外のトラックが気になる等々、見てもらいたい所を見ない子がいます。**余分な視覚情報が入らないように、ついたてやカーテン、ロッカー、座席の位置などを工夫しましょう。**光やフラッシュが嫌いな子にはサングラスや間接照明を用います。私たちは周辺視でとらえた物を中心視で見るために目や顔をそちらに向けますが、周辺視で見ている子がいます。顔を斜めにして物を見たり、手をひらひらさせて遊んだり、回る物が好きだったりする子です。これらの子には特に視覚情報の精選と姿勢保持や平衡感覚を育てる「回る、揺れる、触る」遊びなどを取り入れましょう。

■「聞く」に問題があると

先生の話が聞きにくかったり、聞き間違えたり、覚えられなかったりする子がいます。聞き分ける力や集中力、短期記憶が弱いためです。**声は消えてしまうのでメモや絵で残るようにし、伝言ゲームやスリーヒントゲーム、カルタ、楽器や曲の聞き分けなどで遊びながら聞きとる**練習をしましょう。パーティー会場で隣りの人と会話ができるのは相手の音声を取捨選択しているからです（カクテルパーティー効果）。教室での先生の話や外の雑音を同じように拾ってしまうため、必要な情報の選択ができにくいのです。耳ふさぎをするような聴覚過敏の子にとっては教室のざわざわした音や大きな声は嫌ですし、運動会のピストルの音などは恐怖でしかないでしょう。太鼓や笛などに代用するか「大きな音がするよ」と前もって伝えておきましょう。

■感覚過敏に配慮する

視覚や聴覚の情報が取捨選択できない子に対しては環境設定や落ちつくブース、イヤーマフ、別の部屋などを用意する必要があります。ブラックボックスの物を触って当ててみたり、背中に書かれた文字を当てるクイズなど知覚の基盤となる触覚の識別系を育てる遊びを取り入れましょう。不快感や不安が高まって落ち着きがなくなり、ストレスで友達に暴言を吐いたり暴力をふるったりして怒られ、自信をなくす、こういう悪循環を断ち切る必要があります。

情報の取捨選択や感覚過敏に配慮しましょう。

入力 → 情報処理 → 出力

情報の取捨選択ができにくいと、
聞くべきことや見るべきところがわからない

運動会のピストル音対策

事前に調べる

どこまでなら大丈夫か
事前に確認をする

ここなら
大丈夫かな？

道具を使い緩和する

太鼓や笛で
代替えをしたり

大きな音が
するよ
3・2・1
…

イヤーマフを
使い緩和する

Point

● 不快感や不安が高まらないように気を付けましょう。

情報を入力してまとめる力には いろいろなタイプがある

■ 同時処理・継時処理

【同時処理】

全体から部分を理解し考える力。同時に考える力。地図を見せて「今ここにいるので、こう行ってここを曲がったら、ここがお店です。」と説明されるのがわかりやすい。視覚―運動回路。

【継時処理】

段階的に時間の経過で理解し考える力。「この道をまっすぐ行って、ポストがあるところを右に曲がったら左側にお店があります。」と順序立てて言われるのがわかりやすい。言葉は言った直後から消えるので時系列の思考といえます。聴覚―言語回路。

処理の仕方はこの他にもあります。情報を入力してまとめる力が情報処理です。

■ 得意なところを生かす

同時処理が得意な人は、料理、洗濯、掃除などいろいろな活動を同時にできます。曖昧な指示でも何となくわかり、規則性を見出すのが得意な人はこのタイプです。目的を教えてからや

り方を示すなど、まず全体像を提示しましょう。

継時処理が得意な人は、順序立てて活動したり、説明書に沿ってひとつずつ行ったりするのが得意です。これらは K-ABC※や WISC※などの検査でわかります。

■ 両方を意識する

子どもたちは、どちらかのタイプに偏っているとは限らないので両方を意識します。全体や目的を絵や図で示してから順序立ててひとつずつ説明しましょう。マニュアルを作るのも良いですね。黒板をノートに写すという作業は、今、先生が話していることを聞きつつ少し前のことを書いています。「ながら勉強」の典型です。得意な子にとっては良いのですが、苦手な子にとっては混乱しがちです。聞く、書くという活動を分ける、予め黒板に書くことをプリントにしておくなどの配慮が必要です。私たちは複雑な情報処理の連続で生活していますが、情報の交通整理が苦手な子にはその子に合わせたスピード、提示、準備、言葉かけが必要です。

※注　K-ABC：K-ABC 心理・教育アセスメントバッテリー。
　　　WISC：ウェクスラー式知能検査。

全体から部分を理解する同時処理。
段階的に時系列で理解する継時処理。

入力 → 情報処理 → 出力

同時処理

[視覚─運動回路] タイプ

(全体から部分を考える、
複数のことを同時に考える)

継時処理

[聴覚─言語回路] タイプ

(段階的に時間の経過で考える)

両タイプ用意できると
good◎

Point

● その子に合わせたスピード、提示、言葉かけ、準備が大切です。

答えやすい質問と答えにくい質問について考えてみましょう。

質問の聞き方としては①→⑤に向かうほど易しくなります。

① **夏休みはどうでしたか？**

夏休みの何を答えるのか子どもに任される質問。答える能力があり、話したいことが沢山ある子には良い。

② **8月31日はどうでしたか？**

日にちが限定されるので答えが絞りやすく①よりも答えやすい。指定する日の選択は聞く側の意図が反映される。

③ **小遣いで何を買いましたか？**

明確な答えがあり、思い出すだけでよい質問。

④ **トマトとキュウリではどちらが好きですか？**

二択なので思い出す必要がなく選ぶだけで良い質問。比較しやすいのは、大好きな物と大嫌いな物など意識の差が大きい物。同じような物の比較ほど難しくなる。

⑤ **夏休みにはスイカを食べましたか？**

はい、いいえで答えることができ思い出す必要もない質問。

■ 肯定的な言葉には力がある

何をどう話せば子どもの心に届くのか考えましょう。ダラダラと話さず、することを絵と言葉で順序立てて説明してから「スタート」など、動くきっかけを提示しましょう。わかってほしい内容は短い単語やセンテンスにして繰り返しましょう。

集団行動ができにくいため先生に注意されることを繰り返す子の中には、先生からの注意がご褒美になっている場合があります。マイナスの行動には承認を与えず「あなたのことは大好きだし、話も聞きたいけど、授業をすすめたいから悪いけど少しの間、返事をしないよ。あとでゆっくり聞くね。」「あとで活躍してもらうから待ってて。」等、その子の心に届く言葉を選んで伝え、言ったことは実行しましょう。約束やルールを決める場合は守らせることができる内容にします。

規制したり禁止したりすることが必要な場合もありますが、肯定的な言葉を使うよう心がけましょう。言葉が最も力を発揮するのは心から褒める時です。

"言葉" には、子どもの心を動かす力があります。

入力 → 情報処理 → 出力

難易度：高

夏休みはどうでしたか？

海に行ったよ！
そこでかき氷を食べたの
いちご味を食べたよ

楽しかった

あとね
あとね

水族館に行って
イルカを見たよ

あれもしたし
これもした…
どれのことを言ったら
言ったらいいのか
わからないよ

質問が具体的ではないので答えるのが難しい子もいる

難易度：低

夏休みにはスイカを食べましたか？

いいえ

はい

選ぶだけでよいので簡単

得意不得意に合わせて
質問の聞き方を変えると Good◎

なるべく肯定的な言葉を
使いましょう

Point

● 言葉が最も力を発揮するのは心から褒める時です。

■ 困った行動で伝えたい内容とは

問題行動を起こす子の伝えたい内容は「いやだ」が多く、「こっち見て、かまって」がそれに続きます。**問題行動は、伝えたい内容を適切に伝えるスキルがないために起こることがほとんどです。**行動の意味は動機づけ尺度（MAS）を使って調べる方法もあります（3章1「動機づけ尺度（MAS）によって行動の意味を知ろう」）。

■ 好きな活動の中で 伝えたいことを引き出す

好きなことを先生と一緒にしている場面はコミュニケーション指導にもってこいです。気持ちが安定しているので意図に反することがあっても大きく崩れる危険性が少ないからです。水遊びをしようとして蛇口をひねっても堅くて開かないと「開けて」と伝えたい気持ちが生じるでしょう。遊びたい玩具に手が届かないと「とって」と言いたくなります。お腹がすいて機嫌が悪くなる子もいれば「お腹すいた」と伝える子もいます。必然性の中に伝えたい気持ちは生じます。どう伝えるかは獲得しているスキルによ

ります。先生に絵を描いてもらって遊んでいる時、子どもが要求する絵や文字を見えないほど小さく描きながら「いやだ」と子どもに言わせた後、普通の大きさで描きます。同じ事をくり返しながら子どもが「いやだ」と言うことで普通に描くことを学習させます。このように遊びの中で意図的に子どもの思う通りにならない場面をつくり、どう言えば良いか合わせて教える方法があります。問題行動を起こす子でない場合は「いやだ」ではなく「大きく描いて」など、より高次な言葉を教えます。やりすぎないように気を付けながら、伝えたい内容をつくり出し、伝えるスキルを同時に学習させましょう。

■ 成功すると伝えたい気持ちが ふくらむ

伝わって希望が叶えられた、嬉しかった、楽しかった、と思えることが大切です。伝えることで良かったと思えたらまた伝えようという気持ちになります。子どもが成功体験を重ね、伝えたい気持ちを膨らませるようなあたたかい関わり方をしましょう。

伝えたい気持ちを膨らませる関わりを。

入力 → 情報処理 → 出力

必然性の中に伝えたい気持ちは生じる

どう伝えるかは獲得しているスキルによります。例えば・・・

言葉がまだの子

指さしや泣くなどで伝える

言葉が喋れる子

言葉コミュニケーションで伝える

さらに

成功すると伝えたい気持ちふくらむ

また、問題行動で伝えたい内容は『いやだ』や『かまって』が多く、適切に伝えるスキルがないために起こります

この柄は嫌だと言えばいいと思うよ

代わりの言葉を教える

いくよ

構って欲しい子は休み時間などに十分かかわりましょう

Point

● 伝えたい内容をつくり出し、伝えるスキルを同時に教えましょう。

■気持ちを言葉にする

子どもがつまずいて泣いている時、お母さんが抱き上げて揺さぶり落ち着かせながら「痛かったね」と言うことで「痛い」という言葉を学習します。子どもが犬を指さして「ワンワンだね」と大人が言うことで物と名前が結びつきます。その間には共感する関係性があります。

コミュニケーションが苦手な子どもは、理解して考え表現することに困難があります。子どもの気持ちを察して言葉に置き換えてあげましょう。「がんばっているのに、うまくいかなくてイライラするよね。」「ああそうか、仲間はずれにされたから、怒っているんだね。」「一生懸命なのに、整理整頓は上手くできないものだね。」「答えを知っていたのに、それを認めてもらえなかったんだな。」など、**子どもの気持ちを代弁することで「わかってくれた」と思えます。また、「そう言えば良いんだ」と伝え方を学習する機会が生まれます。**困った行動をする子どもは何とかしてくれると期待する大人の近くで問題を起こします。その子の気持ちを汲み取ることで共感関係を築き、言葉で伝えることができることを教えましょう。

■子どもが伝えたくなる大人とは

子どもが「この人に伝えたい」と思える人は、自分を受け入れ広い心で導いてくれる人です。伝えたことを一緒に喜んで、あるいは悲しんで、共感してくれる人です。大人から伝えたいことがあっても、とりあえず後回しにしましょう。思春期には友達が伝えたい人、わかってもらいたい人になりますが、基礎になるのは子どもの時に大人に受け入れられた、わかってもらえた体験です。わかってもらえたという実感がないと、わかってもらうことに力を注ぐため、なかなか前へ進むことができません。成長してからの「かまって、こっちを向いて」という意思表示はそのあらわれです。

子どもも大人もみんな幸せになる権利をもっています。教えたい気持ちを優先しすぎて無理をさせていないか、傷つけていないか省みることができる人でありたいものです。それは大人自身の問題であり、子どもが伝えたくなる大人かどうかということでもあるからです。

子どもの気持ちを察して言葉に置き換えてあげましょう。

入力 → 情報処理 → 出力

物と名前が結びつく

代弁することで「わかってくれた」と思える

子どもが伝えたくなる大人
↓
子どもを成長させる大人

Point

● 子どもが「この人に伝えたい」と思うのは、自分を心から受け入れ一緒に喜び、共感してくれる大人です。

■ 伝え方がわからなければ　行動で示すしかない

　「貸して」と言えずに友達の遊んでいる物を取ってしまうなど、伝え方がわからないため行動で示す子がいます。**叩く、噛みつく、泣く、立ち歩く、いなくなる等々、多くの問題行動は伝え方がわからないためです。その中で最初に教えるべきスキルは「いやだ」の伝え方です。**「トイレ」「いたい」など体調の伝え方も大切です。会話ができる子には言葉、できにくい子にはVOCA※や絵カードなど、その子に合った方法を教えましょう。問題行動が起きた場合には、落ち着いてから、こうすれば良かったということを教えましょう。簡単なマンガで教える方法もあります。

■ 言葉で伝える

　男の子が「遊ぼう」と言って女の子に近寄ると、その子は先生の足に抱きつきました。先生が「嫌なの？」と聞くと頭を横に振ります。「嫌じゃないの？」と聞くと縦に振ります。少し待っていると「一緒に遊ぶ」と言います。複雑な気持ちを言葉で伝えるのは子どもにとって難しいことです。思いをすぐに言葉にできなかったり、適切な言葉が浮かんでこなかったりします。伝えたい気持ちを大切にして待つこと。状況に応じて子どもの思いを察して言葉にしてあげることが大切です。

■ 話しすぎる子

　私達は思ったことをすべて口にしているのではなく、無意識に一端止まってから話しています。思ったことや気付いたことをすべて口に出してしまう子は止まる力が弱いので「だまって聞く」「手をあげて発表」などルールを書いて貼り確認し、できていたら即座に褒めましょう。「３つ話します」と言ってから話す、タイマーや時計で時間を決めるなど終わりを明確にしましょう。

　かまってもらいたくて何でも話しかけたり、先生を独占したがったりする子はよくいます。スキンシップやかまってもらう体験が不足しているのです。弟や妹のいる子にはその傾向があります。先生の注意を引こうとしてわざと困ったことをするかもしれません。他の子とのバランスに留意しながら何気なくかまってあげましょう。

※注　VOCA：用語説明→ p.96。

気持ちを言葉で伝えるのが難しい子もいます。
伝えたい気持ちを大切にしましょう。

入力 → 情報処理 → 出力

気持ちを確認できるよう漫画を使って説明する

事実を確認

説明とふるまい方を伝える

2-9 わかればできる ～その子は本当にわかっていますか

■ 友達よりも遅れる子

　指示通りにできなかったり、友達よりも遅れたりするような場合はわかっていない可能性があります。友達がするのを見てから行動するため遅れるのです。「わかった」と言ってもわかっていないことがあります。**わかっていない子がいる、という前提で短いセンテンス、視覚情報を使うなど説明に工夫を凝らしましょう。**

■ 聞いてわかるためには　具体的な言葉で

　「きちんとしなさい」「だらしない」ではなく「脱いだ服はカゴに入れようね」「座って食べる」など具体的な内容にして伝えます。**「〜しない」ではなく、することを伝えましょう。**

■ 見てわかる工夫

　何をするか、いつまでするか、終わったら次に何があるか、という見通しが立つようにしましょう。見通しが立つことは落ちついて活動できることと深く関係しています。聞くだけでなく見ることにより、よりわかるようになります。視覚優位で言葉のわからない子には、言葉はなるべく少なくしてその子にわかる視覚情報（実物、写真、絵など）やジェスチャーなどで伝えましょう。

■ 雰囲気でわかるのは難しい

　会話はできるけれど雰囲気や空気が読めない子にとって暗黙の了解は通用しません。「お母さんいますか？」という電話に「います」と答えたまま代わらない、「首を長くして待っています」と言われて首が伸びるのか！と驚いてしまうのは、言葉の奥にある背景がわからず文字通りに解釈するからです。目に見えないし教えてもくれない言葉の奥にあるさまざまな要素を推し測るのが難しいのです。冗談もわかりにくいため友達関係も上手くいきません。「首を長くして待つ、というのは、楽しみに待っています、ということです。」など、個々の場面で具体的にわかりやすく肯定的に書いて伝えましょう。

わかっていない子がいる、という前提で伝える工夫をしましょう。

入力 → 情報処理 → 出力

その子にわかる伝え方

視覚的に伝える工夫

①何をするか
②いつまでするか
③終わったら次に何があるか

(絵や写真、実物など、
その子に合ったもので)

話して伝える工夫

↳具体的に伝えましょう

スケジュールカードの例

活動の流れを絵カードにして
わかりやすくする

自由な時間が何をして
良いかわからず混乱しやすい
(かつ選べる)子には
『えらぶ』というカードにして
好きな活動を選んでもらう

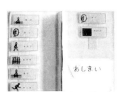

外に持ち出せるバインダー式
のスケジュール

光がなくなって終わりを
知らせるタイムログ

『朝の会』の流れがわかるようにして
終わったらカバーをする

Point

● 言われたことがわからないと、友達を見て行動するため、遅れてしまい
ます。

2-10　わかってもやりたくない

■わからないのか？
■わかってもやりたくないのか？

　どちらなのか判断するためには、まずわかる環境を用意しておく必要があります。わかる環境を用意してもやらないのは、活動が難しいかもしくは合っていないからです。することがわかり、それが自分にあった興味のある活動であれば取り組みます。

■やりたくないのには理由がある

　触覚過敏のため食べられない、平衡感覚が育っていないため運動を嫌がる、過去の経験から失敗を恐れて尻込みする、難しくてできない等々、原因はさまざまです。**その子なりの理由が必ずあります。**会話はよくできるのに行動が伴わない言語性優位の子どもは発達上の偏りがあるのですが、怠けている、わがままなどと受け取られがちなので注意が必要です。

■その子に合った課題を設定する

　無理のない課題を細かく設定しましょう。後述する課題分析を参考にしてください。でんぐり返しができにくい子には「マットさんに頭を

つけてごらん、ほら、喜んでるよ。」と頭をつけさせて「喜んでるマットさんの上を、先生が手伝うから、ころがってみよう。」と手を添えて回してあげます。今すぐできること、手伝ってもらって少しがんばったらできることに挑戦させ楽しい雰囲気の中で無理せずに誘いましょう。できたという達成感が大切です。繰り返すことにより一人でもできるという自信につながります。

　生きづらさを抱える子の中にはラテラリティー（効き側と効き脳）の発達に偏りがあるため動きがぎこちなくなる子がいます。身体の正中線ができて、それを越える動きができなければラテラリティーは確立しません。

　利き手の確立にはお箸を持つだけでなく、利き手でない方の手がお茶碗を支える補助の働きができていることが必要です。右手で左の耳をつかむ、左手で右の耳をつかむ、両手で反対の耳をつかむ等、遊びの中で楽しく子どもに合った課題ができるといいですね。トランポリンは体幹を鍛え重力不安や多動などさまざまな状態像に効果があります。体幹の中心軸ができていないと着地点がずれます。一緒に跳んだり、空中で風船をつかまえたり、リズムに合わせて跳ぶなど楽しみながら感覚刺激を入れてみましょう。

その子に合った課題は生き生きとした活動に繋がります。

活動をやりたがらない子の背景には・・・

わからない

何をするのかわからない
指示が読み取れない
etc...

やりたくない

活動内容が難しい
違うことがしたい
etc...

わかる環境にしておかなければ、
どちらなのかがわかりません

伝え方を工夫して解決！

同時処理と継時処理について意識したり
非言語の方法を用いるなど
伝え方を工夫してみましょう。

**難易度や内容を変えて
やる気を引き出す！**

その子の感覚や身体能力が原因かもし
れません。
その子にあった無理のない課題を設定
しましょう。

Point

● 楽しい活動の大前提は「わかって、できる」ということです。やらない時
は、活動のレベルを下げましょう。

表情や声のトーンなどが 会話に影響を与える

　会話をする時に影響を与えるのは、言語情報7％、聴覚情報38％、視覚情報55％という割合です。A・メラビアンという心理学者が提唱しました。聴覚情報とは声のトーンや強弱、早さや口調などです。視覚情報とは表情やジェスチャー、視線の動きなどです。93％を占める非言語コミュニケーションが会話に影響を及ぼすことがわかっています。

　これは日常的なコミュニケーションのすべてではないので、必ずしも話の内容より印象が大切ということではありません。子どもによっては、話す内容よりも表情や雰囲気で伝える方がわかりやすい場合もあるということです。期待を察知して、それに応えようとするピグマリオン効果も非言語メッセージを受け取っているからです。

何も言わないことで 伝わるものがある

　子どもに何かを伝えようとした時、言葉の内容と共に表情や声のトーン、口調などが大きく影響していることを覚えておきましょう。

　先生が前にいるのに話し声が止まない時、何も言わずに子ども達の集団をジッと見るだけで静かになります。非言語コミュニケーションで何かが伝わっているからです。「無言の抵抗」「目は口ほどに物を言う」という言葉もあるように、言葉にしない方が伝わることもたくさんあります。否定的な態度や無関心な態度は言葉にしなくても伝わり、子どもの自信をなくします。逆に、先生がニコニコして嬉しそうだとそれだけで自信がわきます。**子どもは非言語メッセージに対する感受性が強いといわれます。**子どもが何かに成功してこちらを向いた時、ニコッと微笑んで「グッド」のサインを送るだけで子どももニコッと笑ってすべてを理解します。

　簡単なサインや身振り、動作などでの受け答えがわかりやすい子はたくさんいます。上手にできたら拍手の動作、了解の合図は指で○など、状況や場面に応じてある程度サインを決めておくとさらにわかりやすくなるでしょう。**言語でのメッセージとともに非言語のメッセージも意識しましょう。**

子どもに何かを伝える時、言葉の内容と共に表情や声のトーン、
口調など非言語のメッセージも伝わることを意識しましょう。

会話に影響を与える情報の割合

会話をする上で影響を与えている
内容は非言語コミュニケーションが
9割以上を占める

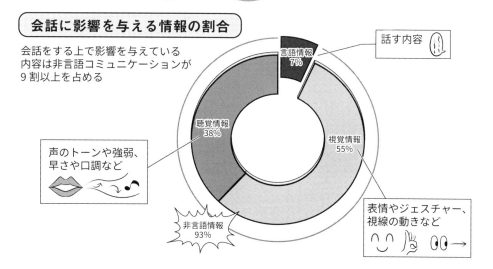

話す内容

言語情報
7%

聴覚情報
38%

視覚情報
55%

声のトーンや強弱、
早さや口調など

非言語情報
93%

表情やジェスチャー、
視線の動きなど

表情や手のサインでメッセージは伝わる

先生がニコニコしているだけで
子どもは自信がもてる

わかったよ！

Happy

↳ 非言語のメッセージも意識しましょう

Point

- 大人が笑えば子どもも笑う。子どもは大人の鏡です。

2-12 刺激を適切に処理できず困っている子

■ 興奮と抑制で集中できる

集中力は、興奮と抑制のバランスで成り立っています。何かに集中する時は興奮の機能が働くと同時に、他の刺激を抑制することによって集中することができます。

テレビに夢中でお母さんの声が聞こえないという状態は、テレビ以外の刺激を抑制しているからです。抑制する機能が弱いとさまざまな刺激に反応してしまい注意がそれてしまいます。

■ 刺激に対する抑制が効かない子

不必要な刺激に抑制が効かないと集中できず立ち歩きが多くなります。多動の原因はこの他にも感覚刺激を入れたり、筋緊張を高めたりして覚醒レベルを上げようとする自己刺激行動の場合もあります。トランポリンなどでしっかり身体を動かしましょう。

刺激の抑制が効かない子には声かけや指示を減らし、ついたてやカーテンなどで余分な聴覚的、視覚的刺激を排除しましょう。「すわる」「しずかにする」など、今はこれをする時ということがわかるような絵や文字を提示しましょう。

■ 手を繋がれるのを嫌がる子

自分から手を繋ぐのは OK なのに相手から繋がれると嫌がる子がいます。

触覚防衛反応は他の人からの触刺激で起きやすく、触れられそうになると逃げたり押したり叩いたりする場合があります。外界から入ってくる感覚刺激に脳が防衛反応をとってしまうことがあり、聴覚であれば、ある音を怖がったり、耳ふさぎをしたりします。重力不安などがある場合は揺れる場所やバランスの必要な場所を怖がる子もいます。

■ 嫌がるのは理由があるから

これらの子は感覚刺激の交通整理に問題があるためにそのような状態になっていますが、常に同じ状態とは限りません。**わがままでも経験不足でもないので、がんばらせる、がまんさせるという指導は適切ではありません。本人が望む感覚刺激をたくさん用意して一緒に楽しみましょう。自分に必要な刺激は自分が一番わかっているのです。**

不必要な刺激を抑制できないと集中するのが難しくなります。

集中できるのは
興奮機能と抑制機能のバランスがとれているから

テレビに集中できるのはテレビ以外の
情報を抑制しているから。
抑制機能が弱いと様々な刺激に反応
してしまい注意がそれる。

外からの感覚刺激に
脳が防衛反応をとってしまうことがある

嫌がるのは、それぞれに理由があります

Point

● 頑張らせる、我慢させるのではなく、本人が望む感覚刺激をたくさん
用意して一緒に楽しみましょう。

2-13 暴言や暴力は追い詰められた時や、不安な時などに起こる

■暴言・暴力の背景にあるもの

　手加減ができにくく人や物への関わり方が苦手な子です。人は満たされている時、暴言を吐いたり暴力をふるったりしません。凶暴になるのは追い詰められた時、不安な時です。人に投げ掛ける言葉はすべて自分の中にあり、傷ついている人ほど他人を傷つける言葉を使います。頭の中で一端止まることができにくいために「クソばばあ！」と言ってしまったり、叩いてしまったりするのは、これまでの経験の中に蓄積された暴言や体験が抑制されずに出てきてしまっているからです。自尊心が育たないために自分をコントロールすることができにくいのです。そういう行動をとってしまう子の背景に想いをはせると同時に、叩かれた子への配慮や保護者への説明責任をしっかり果たしましょう。

　トラブルを信頼関係構築のきっかけにするくらいの心構えが必要です。

■環境を見直して先手を打つ

　暴言や暴力にはきっかけとなる前兆があります。わかりにくい、ザワザワして落ち着かず安心できない、思い通りにならない、制止や注意を受けた等々。前兆の段階で環境の改善や思いを言葉にできるような先手を打ちましょう。**多数の目で子どもにアンテナを張り、自尊心が育つような関わりをすべての先生で共有しましょう。**

　体操やリトミックなど身体を十分に動かして感覚の交通整理を日常的に行うと共に、身体を動かした後は座禅ごっこなどで「止まる」遊びも取り入れてみましょう。

■言葉で伝えることの大切さを教える

　落ち着いてから何がしたかったのか、どうすれば良いのか根気強く伝えましょう。自分を振り返ることができるような関わり方、具体的な伝え方を心掛けましょう。

① 「何が嫌だったの？」　A君が玩具を貸してくれなかった
② 「どうすれば良かったと思う？（答えられない場合は選択にする）」
③ 「たたく？先生に言う？」

　先生との話がご褒美にならないように気を付けます。先生への伝え方も自分で具体的に言ってもらってから紙に書いて確認しましょう。

人は満たされている時に暴言を吐いたり暴力をふるったりしません。
自尊心を育てましょう。

暴力をふるってしまう子の背景には・・・

ブレーキが
きかない

・ブレーキが効きにくい
・言葉で気持ちを伝えにくい
・追い詰められている
・できないもどかしさ
・不安　　　　　　など

色んなことがストレスになっているのかもしれないな

暴力や暴言の前兆を見逃さずに改善する

・することがわかる環境
・子どもに合った課題
・制止や注意の仕方

大丈夫かな

言葉で伝えることの大切さを教える

落ち着いてから短い言葉で

Point

● 人に投げかける言葉はすべて自分の中にあります。傷ついている人ほど他人を傷つける言葉を使うものです。

2-14 友達と遊べない子は大人が一緒に遊んで友達へ繋ぐ

■ 遊びの中で社会性の基礎を育む

　玩具のケーキを本物のケーキに「みたてる」ことができるようになると食べるふりをして「おいしい」と言います。こういう経験を重ねることで「ごっこ遊び」に発展します。ルールを作り、料理を作る人、食べる人など役割を分担して責任を果たそうとがんばります。遊びの中でルールや責任感、気持ちの調整など人と上手くやっていく力（ソーシャルスキル）の基礎を学ぶのです。自分たちで作ったルールの中で相談しながら生き生きと遊ぶ仲間、共に育つ集団ができます。友達と一緒に遊ぶことにより不安や多少の失敗も乗り越えて成長します。

■ 大人が友達との橋渡し役をする

　生きづらさを抱える子は遊びの集団に入れないことが往々にしてあります。友達と遊ぶ経験が少ないと、つまずきや不安な時に尻込みしたり失敗した活動を避けたりするようになりがちです。**その子が入れそうな仲間の集団を見抜いて生きづらさを抱える子との橋渡しをしましょう。**一緒に遊べそうかどうか見守りながら、場合によっては先生から遊び方についての提案をすることがあっても良いでしょう。信頼できる

大人がいて、やがて他の人にも関わっていける力がつき、遊びの中で社会性を養っていきます。**みんなと遊ぶのが一人で遊ぶよりも楽しいと思えることがとても大切です。**

■ 基本的な生活を見直し、共に育つ集団をつくる

　やってはいけないことや振るまい方は多くの大人や友達との関係性から育まれます。しかし、現在は核家族化や地域のコミュニティー機能の低下、一人でゲームをして過ごす生活空間など、ソーシャルスキルを身につけにくい社会になっています。生きづらさを抱える子にとっても社会性を築くのがさらに難しい状況と言えるでしょう。基本的な生活リズムも大人に合わせて夜型になりやすく、規則正しい食生活や十分な運動、年齢を超えた豊かな遊びなどが保障されにくくなっています。眠ること、食べること、活動すること、人と関わることなど基本的な生活習慣をもう一度見直してみましょう。

　自分の子どもや自分のクラスの子どもだけでなく、近所の子どもや他のクラスの子どもも育てようという気持ちが大切です。共に育ち合うことで子ども達は成長します。

遊びは育ちや学びの場。
みんなと遊ぶのが楽しくなるような橋渡しをしましょう。

遊びの中で社会性を学ぶ

・ルールを守る
・役割を果たす
・気持ちの調整

＝

ソーシャルスキルの
基礎がある

時には先生が橋渡し

ルールのアドバイス

入れそうな集団

時には大人がきっかけを
作ってあげる事も必要

みんなと遊ぶのが楽しいと思えることが大切

自分の子ども、自分のクラスだけでなく、
地域の子どもや他のクラスの子ども達を
気に掛ける大人の集団が共に育つ子どもを作る

園・学校　学年　クラス　家庭　地域

Point

● 信頼できる大人がいれば他の人に関わる力がつき、遊びの中で学びを
広げながら育ちます。

立ち歩く子の理由は、集中できない、わからない、かまってほしい

■集中できない・わからない・かまって

話の途中に立ち歩く子には理由があります。
・他の刺激に敏感で話に集中できにくい。
・話の内容がわからず興味が持てない。
・かまってもらいたい。（3章1「動機づけ尺度（MAS）によって行動の意味を知ろう」）

座る位置を工夫する、子どもに見える所には余分な物がないように片付ける、カーテンで隠すなど不必要な刺激はできるだけ排除しましょう。活動はわかりやすく室内で夢中になれる内容を工夫しましょう。かまってもらいたい場合は「あとで活躍してもらうから待ってて。」などと伝えます（2章5「答えやすい質問・答えにくい質問」）。立ち歩いている子に目がいきがちですが、そのような子に注目するのではなく、座って絵本の読み聞かせを静かに聞いて見ているような大部分の子ども達を賞賛しましょう。

■それでも立ち歩く場合

教室から飛び出す、運動会などの行事でどこかに行ってしまうなどの場合は、色テープなどで「ここまで」というラインを決めたり、予め子どもと約束して行き先を決めておいたりします。後ろから走って追いかけるとより逃げたくなるので気を付けましょう。

活動ごとに何をすれば良いかがわかる具体的な目標と立ち歩きたくなった時の行き場所や伝え方を決めておきます。目標が守れたら表彰状やメダルなど本人の喜びそうなご褒美があることも伝えておきます。子どもによっては部分参加にする場合もあります。できない目標にしないように、ここまでは立ち歩いても良いという許容範囲をつくりましょう。

■食事中の立ち歩き

集中できない、集団で食べるのに抵抗がある、姿勢保持が難しい、偏食があるなどさまざまな理由により食事時間が楽しくない可能性があります（2章27「食べたくない理由、味覚のメカニズム」）。**食事時間は楽しいと思える工夫をいろいろ試してみましょう。**座って食べている場面を褒め、タイマーを置いて座って食べられた時間を伝えながら少しずつ伸ばしていきましょう。

立ち歩いている子よりも、座っている大部分の子ども達に注目し賞賛しましょう。

立ち歩いてしまう子の背景には…

・刺激に敏感で集中できない
・説明が分からない
・面白くない
・構って欲しい

聞く時や見る時、お喋りしていい時などがわかる絵や文字
望ましい行動をしている子に注目して褒める

見て!!

みんなよく絵本を見ているね!

Point

● 立ち歩くのはなぜか考えて、例えば座る位置を変える、カーテンで隠す、わかりやすい活動にするなどその子にできそうな工夫をしましょう。

止められない理由がある

気持ちの切り替え・見通しが立たない・次が苦手な活動

　気持ちの切り替えができない、こだわりがある、次に何をするのかわからず不安、次の活動が嫌、など理由はさまざまです。**好きなことをさせてあげてから気持ちを切り替える、「この箱に玩具を入れて座ろう」「絵本だよ」など具体的に言葉や絵ですることと見通しを伝える、嫌な活動には全部参加しなくても良いことを伝えるなど柔らかい対応を心がけましょう。**指示に従いにくく、みんなと同じ行動ができないのにはそれぞれ理由があり、わがままではないことを理解しましょう。

感覚の交通整理が上手くできない

　水遊びが止められなかったり、クルクル回る物を見続けたり、ジャングルジムに上ったり、ブランコを激しく揺らして漕いだり（1章3「感覚の刺激があるから成長する」）、……これらは原始系の暴走、感覚刺激への過剰な反応、感じ方が鈍いための自己刺激行動などで無理に止めさせるのではなく、ある程度満足した様子を見て、次に楽しい活動や好きなことがあることを示して終わりを提示しましょう。識別系を育てることが大切なので、原始系が出ていない時にギュッと抱きしめる、背中に書いた文字を当てる、揺れる遊びをするなど感覚刺激を楽しく味わいましょう。自己刺激行動は不安だったり、することがない時に出たりすることが多いので環境調整に留意します。

集中しすぎて抑制が効かない

　穴掘り、何かを作成する、自分なりの遊び……ADHDの子に見られる自分のストーリーに沿って集中する姿は適切な場面で出せば「集中力のある子」ですが、そうでない場面で出ると「自分勝手な子」という評価になってしまいがちです。良いところが適切な場面で出せるように作業や飼育など身体を動かす活動を取り入れ、目標や約束も合わせてわかりやすく提示しましょう。できたらご褒美があるのも良いでしょう。集中できる活動を用意して、その中でルールをがんばって守り、結果として褒められたという体験が大切です。

納得して気持ちの調整ができ、次に進めるような関わり方をしましょう。

次の活動に移れない子の背景には…

・気持ちの切り替えができない
・次に何をするのかわからない
・次の活動が嫌
・取り込まれて止められない
（原始系の暴走、
感覚刺激への過剰反応）

次に何があるか伝える

えほん ←次

ある程度満足するまでさせてあげてから
言葉や絵を用いて伝えましょう

**時と場合により評価が変わる
"集中のし過ぎ"**

集中力のある子？　　　　自分勝手な子？

おーい

好きなことに集中できる環境を用意し、
褒められる体験をさせてあげる事が大切

Point

● 焦って無理にやめさせようとせず、理由を推測しましょう。やめられない
苦しさに想いをはせ、待つことも大切です。

自己コントロール力の背景

■ 理解力・抑止力・想像力・忍耐力

欲望は生命力の証しですが、すべて自分の思う通りにはいきません。「〜したいけど止める」のはなぜでしょうか。

① 今はそれをしたらいけないことがわかる（理解力）
② それをしたらこんなことになるという事実がある（抑止力）
③ ②を想像することができる（想像力）
④ したいと思っても我慢できる（忍耐力）

この４つが揃っている場合、自己コントロールができます。

■ 理解力での自己コントロール

「してはいけない」だけでは「すること」がわからない子がいます。「立ち歩かない」だけでは「すわる」ということがわからないのです。**することをその子のわかりやすい方法で具体的に伝えましょう。**

■ 抑止力での自己コントロール

「やってしまったら、こんなことになる」といういう意識が抑止力です。これは想像力が必要ですし「イエローカード３枚で退場」のような罰則が不可欠になります。子どもにふさわしい罰則とは何か吟味する必要があります。**なるべく抑止力は使わずに忍耐力を育てたいものです。**

■ 忍耐力での自己コントロール

「〜したいけど今は止めておこう」と踏み止まれるのは欲望を抑える力があるからです。その力は自尊心によって育まれます。怒られたり失敗ばかりしていると自尊心は育ちません。忍耐力は自信や自尊心とペアで育ちますから、子どもが自信をもてるような関わり方をしましょう。

自信がもてるような関わり方とは、「〜が他の子よりできる」という優越感ではなく、深い所で自信がもてるような関わり方です。怒るのを止めただけでさまざまな行動が良くなることがあります。良いところは必ずありますからそこを見てあげましょう。そういうことが家庭でできるためにはお母さんの余裕が必要です。**忍耐力は認められることで少しずつ育ちます。**

忍耐力は自信や自尊心とペアで育ちます。
良いところを見つけて褒めましょう。

普通のことをしているのを当たり前ととらえない！

みんなと同じようなことをしているのは、
その子にとっては頑張っている状態かも？！
そんな場面は逃さずに賞賛を！

忍耐力は自尊心とペアで育つ

注意・叱責は最低限に

その子の興味のあるもので
人間関係をつくる

いつも
怒る人

しなくても良い状態を作る
ことに尽力しましょう。

その子の世界を理解して
入っていく努力が必要

Point

● 怒るのをやめただけで行動が良くなることもあります。怒らずに褒めて、
自信をもたせてあげましょう。

■怒りの出し方、出して良い場所

怒りの感情は誰にでもありますが、大人はその出し方や出して良い場所を心得ています。自己コントロール力の弱い子どもは我慢ができにくいため怒りとの付き合い方が下手で、叩く、暴言を吐くなどの行動に結び付きがちです。

怒りの感情が出てしまったら興奮がおさまるまで見守ります（状況によってはクールダウンできる場所に移動）。落ち着いたら気持ちを聞いて「A君の玩具で遊びたかったんだね」などと言葉にします。次に「貸してって言えば良いんだよ」と、どうすれば良かったのか伝えましょう。マンガで伝えても良いでしょう（2章8「伝えるスキルがあるか？」）。頻繁に起こる場合は、問題が起こる場面や時間が決まっているかどうか記録をとってチェックしてみましょう。

■カッとなった時に気持ちを 静めるものをつくる

罰ではどうすれば良いのかわからないし、関係性が崩れる危険性があるのでなるべく使わない方が良いでしょう。カッとなった時に心を静める方法やカッとならないようにする方法を

持っていると役立ちます。

○「がまん、がまん」と言葉に出して言う。
○別の部屋に行って一杯の魔法の水（普通の水）を飲む、音楽を聴く、絵本を読むなど。
○「良い子のお守り」を持ち歩き握りしめる。
○「カッとしたときのやさしい言葉」表を貼っておく。
○カッとしない時間を決めて守れたらシール。
○問題が起きそうになったら「〜ちゃんはたたいたりしないよね」
「心よ静まれ！5、4、3、2、1」と先生が言う。
○「手を出したら園長先生と話し」（ご褒美にならないこと）など

■大人は自分自身の怒りとの 付き合い方が試される

感情的に話すと子どもはそちらに意識が向いてしまいます。言いたいことをグッとこらえて、言葉は少なく淡々と話しましょう。怒られることが多く自尊心や自信を育てるのが課題の子どもです。マイナス経験を重ねる機会になってしまいがちなので、怒りのオーラに巻き込まれないよう冷静に対応しましょう。

大人が怒りのオーラに巻き込まれないよう冷静に対応しましょう。

子どもの"怒り"との付き合い方

カッとなった時に気持ちを静めるアイディア案

「我慢」と言葉に出す

別の部屋に移動する

魔法の水(普通の水)を飲む

"良い子のお守り"を握りしめる

呪文を唱えてカウントダウン

壊して良い物、殴って良い物でストレス発散

行うのは一つでも複数でも構いません。その子に合った方法を考えましょう。

Point

● 怒りが大きくならない内に穏やかなオーラに変えることも必要です。いろいろ試してみて、怒りとの付き合い方を教えましょう。

ブレーキとアクセルのバランスが悪い子こそ良いところを見つけて褒める

■ アクセル全開でブレーキが効きにくい

脳は大きく分けると深い所から①脳幹（本能）、②大脳辺縁系（感情）、③大脳新皮質（理性）に分けられます。②がアクセル③がブレーキです。大人は時間や場所を意識してブレーキを緩め「はめをはずす」ことがありますが、生きづらさを抱える子の中には意識しないのにアクセル全開でブレーキが効きにくい子がいます。

■ ブレーキの効きを良くするには

○ルールや指示などをわかりやすく示す

よくしゃべる子はわかっていると思われがちですが、そうとは限りません。わかってできる課題、得意なことを生かした活動、具体的なルールや指示などを見直しましょう。

○あたたかい関わり、頭ごなしに怒らない

子どもの頃の母性的な関わりがADHD傾向を和らげます。自己コントロールのできにくい子は怒られることが多く、周囲を父性的な雰囲気にすることが多いため悪循環に陥りがちです。可愛がることを心がけましょう。

○「こうやったら、こうなる」というガードレールをつくる

ガードレールにぶつかりながら進んで行く車のような子にとって、ご褒美などが励みになって「止めておこう」と自分から思えるものが必要です。

○問題を起こす子の土俵に乗らない

問題が起きる前の対策に力を入れ、こちらの土俵に乗せましょう。ゲームやシミュレーションでの社会性の育成（2章20「問題が起こる前にがまんするトレーニングの場をつくる」）や揺れる、ジャンプするなどの感覚刺激などを日常的に取り入れましょう。

○むりやりでも良いところに注目し褒めて伸ばす

みんなと同じことをしている時、普通に見える時がブレーキをかけている状態かもしれません。子どもの良いところを引き出し、叱らないけど譲らない、子どもにとっては「恐いけど好き」な大人を目指しましょう。

○とりあえず時間限定で効くブレーキにする

一日中がんばるのが難しい子には、個々の課題に応じて絵本の時間や給食時間など頑張る時間を決めます。成功体験を重ねましょう。

怒られることが多いとブレーキの効きが悪くなります。
ブレーキの効きを良くする関わりをしましょう。

簡単な脳の図解

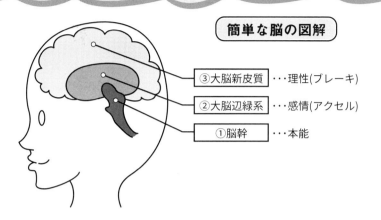

③大脳新皮質 … 理性(ブレーキ)

②大脳辺緑系 … 感情(アクセル)

①脳幹 … 本能

ブレーキの効きを良くするサポートをしましょう

走りたい!!

ダメ!!

走りたいけど今は並ぶ時間だ

うず うず

叱らないけど譲らない

白い線の中で待とうね

みんなと同じことをしているのは頑張っている状態

上手にできてる!頑張ってるね!

Point

● 「やめておこう」と思えることが大切です。大好きな大人が「叱らないけれど譲らない」ことで心の調整力が育ちます。

問題が起こる前にがまんする トレーニングの場をつくる

■ シミュレーションで予習する

　落ち着いている時にカッとなりそうな場面を想定して紙に書き、どう振る舞うか一緒に考えてみましょう。例えばこんな感じです。

・友達が遊具をかわってくれなかった。どうする？

　（たたく、ものをなげる）（「かわって」という）（先生にいう）どれ？

・まだ遊びたいのに「もうおわり」と言われた。どうする？

　（ものをなげる）（遊びつづける）（先生とそうだんする）どれ？

　場面を具体的にして振るまい方を予習します。怒りだしてしまう場合は怒らないような場面設定にしましょう。

■ ゲームで社会性を身につける

　その子に必要な社会性をゲームの中で楽しく身につけましょう。ルールや注意点がわかるように見本を見せてから始めます。できたらみんなで拍手して賞賛しましょう。

○友達とのやりとり

・子ども同士で名前や好きなことなどについて「聞く」「答える」を交互に行う。

・伝言ゲーム。

○順番やルールを守る

・ジャンケンして負けても握手して終わる。

・黒ひげ危機一髪

・ジャンケン列車。

○友達をほめる

・友達の良いところ見つけゲーム。たくさん見つけた人が優勝。

○おしゃべりしない

・みんなが何分黙っていられるかの静寂ゲームで記録に挑戦。

・静寂ゲームバリエーション版、おしゃべりカードを持っている人だけはしゃべって良い。

○片付ける

・片付けやすい箱を用意しての整頓ゲーム。チャンピオンにはメダル。

　これらは一例です。**子ども達に応じて楽しく遊べるゲームを工夫してみましょう。**

ゲーム感覚でがまんする力を育てましょう。

具体的な場面を紙に書き出すと良いですね。

子ども達に合わせて内容を工夫できると良いですね。

Point

● 教えられるのではなく、自分で学ぶことが大切です。雰囲気や友だちの力を借りましょう。

2章

困っているから成長する

自信がもてない子には、一日一言でも良いところを伝える

良いところを見つけ、嬉しく感じる

子どもの良いところを見つけてくれる大人、それを嬉しく感じてくれる身近な大人の存在が自信の基になります。生きづらさを抱える子の中には自信の基が足らない子がいます。**やり取りができる子には、毎日一言でも良いところを伝えてあげてください。**褒められた経験は自信につながり、生きていく力になります。

子どもといるのが嬉しい気持ちを書き残す

無条件に子どもが好き、という愛情を皆さん持たれていると思います。**良いところを見つけた喜び、一緒にいるのが嬉しいという気持ちを**「良いところノート」に記録しましょう。続けるうちに反省点も見つかりますが、子どもや自分自身に対する認識が深まり大切なお守りになるでしょう。

信頼することが自信と学びにつながる

子どもが育つというのは、自分で学ぶという

ことです。いつできるようになるかは本人に任せるしかありませんから、繰り返し教えるだけで無理をさせず見守りましょう。それが子どもを信頼するということです。信頼されることで自信を持ち自主的に行動できるのです。子どもには学ぶ力があるのですが、それを引き出すのが自信です。**今、何かができるようになるということにこだわり過ぎないようにしましょう。**

どんな行動にも意味がある

生きづらさを抱える子どもは自分で学んでいく力が弱いため、なかなか自信が持てません。それでもみんなと一緒に学ぼうとしています。問題行動となって現れることもありますが、それも学びの機会であり、本人は困難と闘っているのです。そして同時に問題行動はわれわれ大人の学びの場でもあります。困った状態も前向きに捉え進歩の糧としましょう。子どもは複雑でわからない存在ですが、丸ごと捉えて大切に可愛いがりましょう。無理に答えを出そうとする必要はありません。簡単に出る答えはどこかで大切な何かを取りこぼしているように思います。

子どもが育つというのは、自分で学ぶということ。
いつできるようになるかは本人に任せましょう。

「良いところノート」をつけましょう

大人のためにもなりますが、
子どもにとっても
良いお守りとなるはずです

信頼が学びに繋がる

大人の信頼 → 自信 → 自分で行動 → 学び

LEVEL UP

どんな行動も意味がある

かーして

やっ

わがままじゃ
ないはず

何か理由が
あるのかも

これだけは常に頭に入れておきましょう

Point

● 自信は子どもの学ぶ力を引き出します。一緒にいるのが嬉しいという気
持ちは子どもに伝わり自信の基になります。

2-22 触覚は知覚や関係性の基盤

優しく触られると触覚防衛反応が出やすい

　乳児が手や指、舌などで触って物を認識するように、触覚はさまざまな知覚や関係性の基盤です。触覚には「触る」と「触られる」という両面があります。同じ物を触っても触り方が異なれば感じ方も異なります。ゆっくり優しく触られるのは愛情や嫌悪感を起こさせます。手をつなごうとすると嫌がる子は、優しく触られることで出現する触覚防衛反応を嫌っています。子どもから繋いでくるのを待つか「手を繋ぐよ」と予告してから繋ぎましょう。しっかり触ることで触覚防衛反応は出にくくなります。

　また、触覚は親愛感情を引き起こします。さまざまな物に触ったり、スキンシップをしたりする機会を増やしたいものです。

触覚から視覚へ

　ミミズは乾燥すると命とりなので身体の表面で光を察知して逃れようとし、逆にミドリムシは皮膚で光を察知して光合成するために、その方向へ行こうとします。皮膚の中にある光を感じる機能が進化の中で最終的に視覚となりました。視覚は光や色を関知する機能であり、距離や位置、形などの空間概念は触覚の働きが基になっています。**触覚防衛反応は人間関係の基盤が育ちにくいだけでなく、見てわかる機能や空間概念の育成にも影響を与えます。**

感覚の交通整理と学習

　見て書いて発音しながら英単語を覚えるように、さまざまな感覚を使うことで学習は定着し易くなります。しかし、同時に複数の感覚を使うのが苦手な子もいます。触覚に限らず感覚の交通整理が上手くいかないと、学習をはじめさまざまな場面で適切な行動が取りにくくなります。**動きによる感覚刺激は交通整理に有効なので、大人と一緒に子どもが夢中になれる遊びや活動を用意しましょう。**アスレチックや寝ころんで回る、ジャンプなど粗大運動の他、ブラックボックスの物当て、目隠ししてどこを触られたか当てる、身体を素手やスポンジ、ブラシなどさまざまな触感の物で触れられる、手のひらや指を触れられる、自分でさまざまな感触の物に触れる、塗り絵、積み木、つかむ活動など興味のあるもので一緒に楽しく遊びましょう。

多くの感覚を使うことで学習は定着しますが、
複数の感覚を同時に使うのが苦手な子もいます。

同時に複数の感覚を使うのが苦手な子

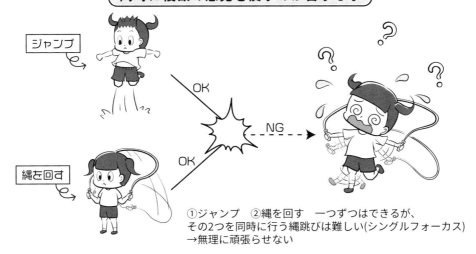

①ジャンプ　②縄を回す　一つずつはできるが、
その2つを同時に行う縄跳びは難しい(シングルフォーカス)
→無理に頑張らせない

**子どもが興味のある様々な
感覚刺激で一緒に楽しく遊ぶ**

一つずつ、繰り返し教える

※前転の指導

Point

● 興味のあるもので、一緒に楽しく遊びましょう。大人に必要なのは子ど
もと一緒に遊ぶ力です。

2-23 問題行動を抑制する力 ～メタ認知

■一歩引いて考える力

　現在の状況を考え、問題は何か、どうすれば解決できるだろうかと考える力がメタ認知です。幼児期には心の理論の発達（1章4「乳幼児期の育ち～十分な依存体験」）とも関係しながらこの力が育ち始めます。

　メタ認知が育つことによりモニタリング（自分を振り返ること）が可能になり、不適切な行動が出る前に自分を制御できたり、出てしまった後も修正したりできるようになります。問題解決能力といっても良いでしょう。

■メタ認知を育てる言葉かけ

　自由遊びの中でメタ認知を育てる関わり方をしましょう。「一歩引いて自分や友達、状況を振り返る」ことができるような言葉かけが有効です。例えば、以下のような言葉かけにより、本人はその下にある→のように考える機会が得られます。

・「どんなことがしたい？」「どんな物を作りたい？」

→自分はどんなことがしたい（どんな物を作りたい）と思っているんだろう？

・「○○ちゃんは～したいって言ってるね。△△ちゃんはどう？」

→○○ちゃんは～したいんだな。僕はどう思ってるんだろう？

・「何に困ってるの？」「今、何してるの？」

→僕は今、何に困っているんだろう？何をしようとしているんだろう？

・「どんなことをがんばったの？」

→自分はどんなことをがんばったんだろう？

　ちょっとした一言が一歩引いて考え、メタ認知を育てるきっかけとなります。不適切行動をしてしまった場合は頭ごなしに叱るよりも、振り返り自分を省みる機会をつくることが大切です。

■大人のメタ認知

　問題解決能力の向上は大人にも有効です。困った行動が起きた場合の対応マニュアルを頭に入れておくと、何かが起きた時の感情コントロールや解決策の立案に役立ちます。

何が問題か、どうすれば解決できるか考える力がメタ認知。

メタ認知とは

一歩振り返り問題を解決する力
計画を立てたり変更したりする時や
学習の改善に役立つ

ぼく困ってる？

どうすればいい？

先生に手伝ってもらおう！

もうっ！イライラするなぁ！

問題発生時、心の中の対応マニュアル

※暴力・暴言を起こした時の例

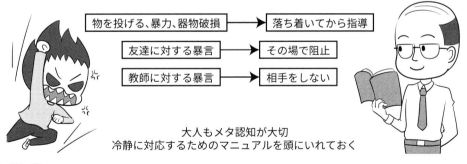

物を投げる、暴力、器物破損	→	落ち着いてから指導
友達に対する暴言	→	その場で阻止
教師に対する暴言	→	相手をしない

大人もメタ認知が大切
冷静に対応するためのマニュアルを頭にいれておく

Point

● 振り返り、自分を省みる機会をつくることが大切です。大人のちょっとした一言を大切にしましょう。

おしゃべりする子には全体への対応と個別の対応を考える

■ 理由はさまざまだが困らそうとしているわけではない

・がまんできない
・状況判断が難しい
・こだわりがある
・緊張や不安がある
・興味がもてない、集中できない
・発達の証

　などの理由が考えられますが、悪意があっておしゃべりをしているわけではありません。

■ 全体への対応

　上手な聞き方はこうです、ということがわかるように提示しましょう。
・聞く態度を絵や文字で示す。
・「聞く時」「話す時」がわかるように絵や文字で示す。
・上手に聞いている子どもを褒める。「聞き方名人グランプリ」など。
　それでもおしゃべりが止まらない時は、全体での話しを止めて静寂をつくります。

■ 個別の対応

・いつなら話して良いか知らせる
　→「絵本が終わったら聞くからね」「今はお口を閉じて聞こうね」などとわかる方法で伝えます。

・我慢できない場合にどうするか知らせる。
　→言いたいことを紙に書くなど、どうしてもおしゃべりしたくなった時にどうすればよいか教えましょう。

・緊張や不安の原因を取り除く。
　→同じ質問を何回もする子は、答えが知りたいのではなく緊張や不安がある可能性があります。原因を探って取り除きましょう。

・わかるように伝え見守る
　→自閉症の子がお気に入りのフレーズやオウム返しなどをくり返すのは、わかっていない、言葉のやり取りを楽しんでいるなどの理由が考えられます。絵や単語でわかるように伝え見守りましょう。

上手な聞き方はこうです、ということがわかるよう全体に提示して、おしゃべりしたいけれど、がまんできている状態を褒めましょう。

全体への対応

上手に聞いている子を褒める

聞く態度を絵や文字で示す

「聞く時」「話す時」がわかるように絵や文字で示す

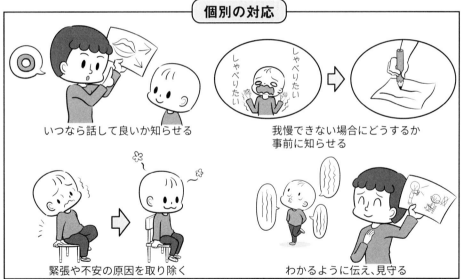

個別の対応

いつなら話して良いか知らせる

我慢できない場合にどうするか事前に知らせる

緊張や不安の原因を取り除く

わかるように伝え、見守る

 Point

● みんなが上手に聞けた時間を知らせて記録に挑戦するなど楽しくがんばれると Good！

姿勢が悪い子には理由がある

■■ 重力という環境の中で生きている

　山の木々は斜面でも重力に対して真っ直ぐに立とうとして斜めに生えています。それほど重力とは強い力です。普段は意識しませんが、とてつもない力の中でわれわれは生活しています。湯船でホッとするのは温かいという皮膚感覚と共に重力の束縛から少し解放されるからでしょう。

■■ 筋緊張が弱い・感覚の交通整理が上手くいかない

　意識して力を入れなくても立っていられるのは、筋緊張（筋力ではありません）や平衡感覚などがあるからです。筋緊張が弱く体幹をしっかり支えられない子や感覚の交通整理が上手くいかない子は、姿勢保持や適切な動きができにくくなり、座っていると傾いたり、ずり落ちそうになったり、ほおづえをついたりします。体育座りだと姿勢を崩して寝ころんでしまうこともあります。直立姿勢では背中を丸めて顎を出すような姿勢をとることがあります。じっとしているのは動くより疲れるので、ぐらぐらしたり後ろを向いたりします。姿勢に限らず、運動

が苦手、トランポリンやプールが嫌い、ぎこちない、手先が不器用、呼びかけに反応しない、眠い、身体がだるい、体温調節が上手くできない等々、運動発達上の生きづらさを抱える子がいることをわかっていただきたいと思います。

■■ バランス遊び、環境設定、息抜きの時間

　平均台、すべり台、ケンパや竹馬、缶ポックリの他、ブランコなど揺れたり回ったりする遊びでバランス感覚を養いましょう。トランポリンは身体の軸を作るのに適しています。鉄棒にぶら下がる、ジャングルジムなど重力に抗して身体を曲げた姿勢を維持する運動も有効です。椅子の高さや大きさ、肘当ての付いた椅子や足を乗せる台の使用など、その子に合った椅子や机を用意しましょう。クッションや滑り止めマットを敷いたり、背もたれの無い椅子を使用することで姿勢が安定することもあります。姿勢の維持が難しいと集中力も長続きしません。座っている活動では途中で休憩を入れたり、リラックスできる体操や遊びを入れたりしましょう。多動傾向のためじっとしていられない子もいます。朝はしっかり身体を動かして身体を覚醒させましょう。

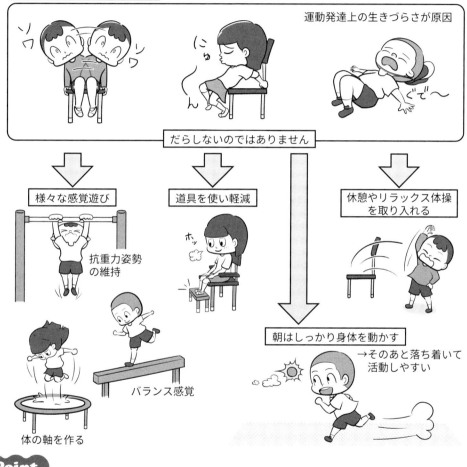

じっとしているのは動いているのよりも疲れます。

姿勢が悪い子は・・・

運動発達上の生きづらさが原因

だらしないのではありません

様々な感覚遊び

抗重力姿勢
の維持

体の軸を作る

バランス感覚

道具を使い軽減

休憩やリラックス体操
を取り入れる

朝はしっかり身体を動かす

→そのあと落ち着いて
活動しやすい

Point

● しっかり身体を動かすと落ち着いて活動しやすくなります。

■ したくをしない理由

○やりたくない（**A**：他にやりたいことがある、**B**：かまってもらいたい、行きたくない→次項目「いきたくない理由」）

A →気をとられる物が見えないようにするか、カーテンなどで囲まれた中でしたくをします。したくの後、時間があればしても良いことを上手く伝えましょう。

B →淡々と対応しましょう。（3章1「動機づけ尺度（MAS）によって行動の意味を知ろう」）

○**分からない**（どういう手順でいつするのか）

→絵と文字で手順表（全体、カード式）や、いつ、どこでするのかを提示します。

○**できない**（自分でするのが難しい）

→大人が手伝って最後のところを自分で行うことにより達成感を持たせましょう。（3章4「課題分析で子どもの苦手なポイントを知る」）

○**忘れる**

→タイマーが鳴ったら手順表を見せましょう。「できた」という気持ちが大切です。できた後のご褒美があるとやる気が出るので、褒めるのはもちろん、登園前なら好きなシールを貼り1週間がんばったらご褒美、登園後なら好きな活動などを選ばせましょう。

■ 行きたくない理由

○**なじめない**（わからない不安、友達ができない）

→登園前の子どもたちがいない時に予め行ってみます。徐々に時間を延ばし子どもたちがいる時に行ってみるようにしましょう。自分用のシールなど愛着の湧く物を用意します。登園後なら友達ができるように大人が仲立ちをしましょう。

○**嫌なことがある**

→嫌なことを言われた、失敗した、叱られた、喧嘩した、嫌いな活動がある等々、理由はさまざまなので、本人に聞いて解決します。

○**朝の準備が嫌**

→毎朝、せかされたり怒られたりすることで嫌になってしまう場合があります。親が焦っていると子どもにも余裕をもって接することが難しくなるので大人が時間に余裕をもって早起きしましょう。

一歩を踏み出す勇気、それを支えるのは大人です。

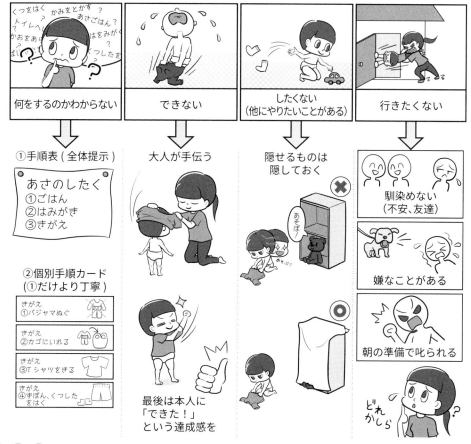

身支度をしないのは・・・

何をするのかわからない	できない	したくない (他にやりたいことがある)	行きたくない

①手順表 (全体提示)

あさのしたく
①ごはん
②はみがき
③きがえ

②個別手順カード
(①だけより丁寧)

きがえ
①パジャマぬぐ

きがえ
②カゴにいれる

きがえ
③Tシャツをきる

きがえ
④ずぼん、くつした
　をはく

大人が手伝う

最後は本人に
「できた！」
という達成感を

隠せるものは
隠しておく

あそぼ！

馴染めない
(不安、友達)

嫌なことがある

朝の準備で叱られる

どれ
かしら

Point

● 行かせようとしすぎず、子どもの心の中を覗いてみましょう。

食べたくない理由、味覚のメカニズム

■子どもの方が大人よりも 味に敏感

　ピーマンが食べられなくても、いつか食べられるようになる子がほとんどです。味覚を感じる味蕾（みらい）は30代以降の大人になると子ども時代の3分の1程度になります。つまり、子どもの方が大人よりも味を強く感じます。ピーマンの苦みも大人より強く感じているのです。味覚のセンサーとして、苦みは毒、酸味は腐敗として認識されるため生理的に排除の対象になりやすいのです。大人になると食べられる人が増えるのは味蕾が減少し苦みの感じ方も薄れて慣れるからです。また、感覚過敏やこだわりにより食べられない、黒い物や丸い物がだめという子もいます。食べさせたいという大人のエゴを優先して子どもに過酷な思いをさせないよう注意する必要があります。**楽しい雰囲気の中で大好きな先生も食べているという場面を見せましょう。**大好きかどうか、それまでの関係性ができているかどうかが鍵です。嫌いな物をすすめるのは食の範囲を広げるという程度に留めましょう。

■好き嫌いはあっても 楽しく食べることを優先する

　給食をお弁当箱に入れる、ごはんにふりかけをかけるなど同じ物でも見た目や調理法を変えたり、臭いを少なくしてみたり、苦手な食べ物はやや濃い味付けにしたり、いろいろ工夫してみましょう。すすめる場合は少量（一口か二口）から始め、おかわりさせて自信をもたせ一口でも食べられたら褒めましょう。**お弁当箱や食器が空になるような量にしておき、空になったお弁当箱や食器を見せて「すごーい！空っぽだね！」と褒めます。**「先生はこんなに喜んでくれるんだ」と本人が思えるように褒めるのがポイントです。

　食べる時の環境や雰囲気はとても大切です。楽しく食べましょう。食育の絵本や食材の栽培、調理などで食べることに興味を持たせるのも良いでしょう。お弁当箱を持参しておかずを選ばせ、食べられる物を少なめに盛りつけて全部食べたらおかわりできるようにする方法もあります。おかずには小さいブロッコリーやニンジンなど、嫌そうな物を少し濃い味付けで選べるようにしておき「食べてみる」と言う子には盛りつけましょう。

「〜を食べなかったら○○できないよ」「〜を食べたらプリン食べていいよ」など条件付きのすすめ方は止めましょう。よほど目にあまることのない限り厳しい注意はマイナスの影響しか与えません。生活全般が落ち着いて安定してくれば自然に偏食もなくなっていきます。

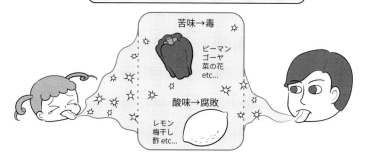

今食べられなくてもいつか食べられるようになります。

味覚は大人よりも子どもの方が敏感

苦味→毒

ピーマン
ゴーヤ
菜の花
etc...

酸味→腐敗

レモン
梅干し
酢 etc...

楽しい雰囲気、環境が大切

無理にすすめる、
条件付きのすすめ方はしない

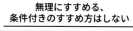

「わがまま」という捉え方は食事場面に限らず、たいていの場合間違っています

Point

● 食事は楽しい雰囲気で！無理にすすめたり、条件付きのすすめ方はしないようにしましょう。

"できる着がえ"で自尊心を育てる

■子どもは不器用な面がある

更衣は3歳頃にほぼできるようになりますが、脱いだ服やズボンはぐちゃぐちゃ、着たりはいたりする時も上手くできないものです。着がえに限らず、食事や排泄、入浴など生活動作全般に気になることが多い子は、両手が上手く使えない、身体のイメージがつかみにくい、力の入れ方が難しい、視覚認知が苦手など感覚の交通整理が上手くできていない可能性があります。子どもの「やってみよう」「できた」という気持ちを大切にして自尊心が育つような関わり方をしましょう。

■ゆっくり取り組む

トレーナーなどの服を着る時は頭から入れて手を通すと着やすいので大きめの輪やフラフープなどで頭からくぐる練習をしましょう。羽織る服はリュックサックを背負う遊びが有効です。ズボンは床に座って広げた状態がはきやすく、椅子、立つという順序で練習をします。ボタンは通す穴も含めて大きめの物を使い、ボタン糸も長めにしておくと着脱がしやすくなります。服を脱いだ状態で練習したり、ボタンやコインを摘む遊び（自動販売機の利用も含めて）

をしたりするのも有効です。鏡の前で行うと見やすくなります。靴下は大人が指先まで入れて子どもが伸ばす、脱ぐ時も大人がかかとまで脱がせて子どもが残りを引っ張ります。伸び縮みしやすいスニーカーソックスを使用すると着脱しやすくなります。毎日のことなので焦らずゆっくりと「いつかできるようになるわ」くらいの気持ちで取り組みましょう。着がえ場面のみでなく全身や指先を使ったさまざまな活動が生活動作に役立ちます。

■たたむ

たたむ行為は立体的な空間認知の力をつけます。まず**ハンカチやタオルなどに印をつけて「こことここを合わせる」ということがわかるようにして練習しましょう。**たたむコツはきれいに広げることです。服は難しいので段ボールで服の形を作り袖と腹部が折り曲がるようにします。その上に服を広げて段ボールごと折るとたためます。折る順序がわかるように番号をつけるのも良いでしょう。段ボールを使用しない場合は折る場所をしっかりアイロンがけしておくとたたみやすくなります。しっかり褒めて達成感を感じることで成長が促されます。

焦らずゆっくりと「いつかできるようになる」くらいの気持ちで取り組みましょう。

身支度がうまくできない子はゆっくり取り組む

頭から
くぐる練習

リュックで
羽織る練習

大きい
ボタン

生活動作全般が苦手な子は、視覚認知や
感覚の交通整理が苦手かもしれません

練習をしたり、手伝ったり、道具を変えてみます
取り組むのは焦らずゆっくりと

畳み方の練習

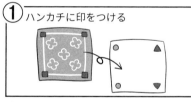

① ハンカチに印をつける

② 赤と赤、青と青をあわせる

③ 黄と黄をあわせる

④ 完成

ある程度たためるようになったら洗濯物をたたむお手伝いをしてもらいましょう。

Point

● 叱責は教えたい行動そのものに嫌悪感をもつので注意しましょう。

"片付け"も活動の一つとして評価する

■ 比較的わかりやすい活動

「ちょうだい」と言われて乳児が手に持っている物を渡す動作の延長線上に片付けはあります。「持って入れる」をくり返すのが片付けなので基本的にわかりやすい活動ですが「分別して入れる」「同じ向きに入れる」となると少し難しくなります。

■ 全体への指示

どこに何を入れるのかわかるように絵で示しましょう。どうなったら片付いた状態なのか見てわかるようにしておきます。「お片付けしましょう」の合図だけでわかる環境にしておきます。

■ わからない子へ個別の指示

分別して片付けるのが難しい子には片付ける物と入れる箱のみにして「これを箱の中に入れて」と指示してやって見せます。できたらしっかり褒めましょう。できるようになったら箱を2つ、片付ける物も2つのかたまりにして「これはこっち、これはこっち」と2つの分別に挑戦してみましょう。○△□のカードをそれぞれ決められた箱に入れる遊びなどで分別の練習をするのも良いでしょう。

■ 終われない子へ個別の指示

終わる数分前にタイマーを提示して「これだけしたら片付けだよ」、時計を見せて「〜時になったら片付けるよ」などと伝えましょう。「あと10だよ」と言い指を折ってカウントダウンする方法もあります。終わったら次に何があるのか見通しを知らせるのはとても大切です。片付ける物の分担を決める、1つか2つだけにするなど、その子に合わせて片付けができたという達成感が得られるように工夫しましょう。

■ きれいになったことを振り返る

片付けが終わったら、次の活動に入る前に「みんなで協力してこんなにきれいになったね」ときれいになったことを振り返りましょう。一人一人が何をがんばって片付けたか評価するのも良いでしょう。子どもにとって大好きな活動ではないので先生の褒め言葉が大切になります。

子どもにとって片付けやすい環境にしておく。

"片付け"がわかりやすい環境作り

あとどのくらいで片付ける
時間かタイマーを用意

片付けた時の
写真

あと5分で
お片付け
ですよ〜

でんしゃ
たてもの
せんろ
せんろ

出し入れしやすい
形状で保管

形ごとに分別

この中に置く
という枠線

わからない子へは・・・

片付ける対象と箱だけにしたり、
事前に分別の練習をします

終われない子へは・・・

きょうのよてい
じゆうあそび
かたづけ ← いま
えほん

タイマーを使用したり、
次にやる内容を教えます

Point

● 子どもの好きな活動ではないので、先生の褒め言葉が大切になります。

2-30 スムーズな動きができにくいとき

■ 身体を上手く使いこなせない

　私達は意識せずに自分の身体はこの辺りにあるから、こう歩けば壁に当たらないとか、このくらいの位置で手を出していれば近づいてくるボールをキャッチできるなどと一瞬の内に判断して身体を動かしています。身体のサイズを考えながら方向や力加減、スピード、タイミングなどを自然に調節してスムーズな動きができているのです。手足や身体を瞬時に「こうしよう」と思った通りに動かすことができにくい子は、何となくぎこちなかったり、不器用だったり、運動が苦手だったりします。これは主に以下の力が育っていない可能性があります。

○自分の身体のサイズや動きをイメージして統合する力
○対象となる環境（遊具や運動器具、衣服や食器などさまざまな物）と自分との位置関係を認識する力
○動きの順序や動かし方について学ぶ力

　などです。結果として苦手意識を持つこともありますので、できないところを手伝ったり、友達からのからかいなどに注意しましょう。

■ がんばらせるのではなく、できたところを褒める

　ブランコやマット運動の他、トンネルくぐり、ジャングルジム、ボディペインティング、ツイスターゲームなどで身体と物の位置や動きを知覚する遊びをしましょう。「トンネルの中の四角い積み木を2個持ってきて赤い台の上に置いてください。」など言語指示を聞いて合った動作を行う遊びも有効です。ボールのやりとりが上手くできない場合は空気を少し抜いたボールを使う、転がすキャッチボールにする、お互いが持ったカゴに小さなゴムボールを入れ合うなど環境を工夫して「できた」「楽しかった」という達成感や満足感がもてるようにしましょう。

　プールは水という環境が加わるので、無理させないよう信頼できる人と一緒に浅い水に入るなどの配慮が必要です。感覚過敏などにより水自体に抵抗がある子や、手や足を別々に動かすのが難しい子もいますのでトラウマにならないように留意します（2章31「感覚過敏や鈍麻の辛さを想像してみる」）。失敗や心が傷つくような経験をさせないように外遊びや運動の機会を増やして積極的に身体を動かしましょう。**「やってみたい」という気持ちが発達を促します。**

> 子どもがその時々にしたい遊びを満足するまでさせてあげましょう。

身体を動かすのは車の運転に似ている

車幅と道路の形状
(身体のサイズ感と空間認識能力)

刻々と変化する環境に
合わせて判断する

スピードの調整

複数の四肢を同時に動かす

↳ うまくできないと擦ったり、ぶつけたり、事故になったりする

ぎこちない、不器用、運動が苦手な子
↓
「こうしよう」と思った通りに動かすことができにくい

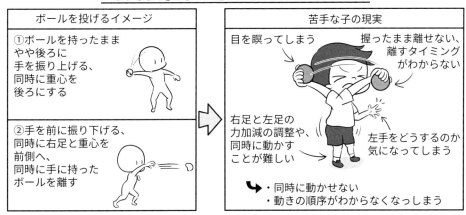

ボールを投げるイメージ	苦手な子の現実
①ボールを持ったまま やや後ろに 手を振り上げる、 同時に重心を 後ろにする	目を瞑ってしまう／握ったまま離せない、離すタイミングがわからない
②手を前に振り下げる、 同時に右足と重心を 前側へ、 同時に手に持った ボールを離す	右足と左足の力加減の調整や、同時に動かすことが難しい／左手をどうするのか気になってしまう

・同時に動かせない
・動きの順序がわからなくなっしまう

子どもがその時々にしたい遊びを十分に満足するまでさせてあげることが発達に繋がる

Point

● 無理にがんばらせないように気をつけましょう。楽しいと思えることがポイントです。

2-31 感覚過敏や鈍麻の辛さを想像してみる

想像力を働かせて サインを見逃さない

感覚過敏の辛さは想像するしかありません。シャワーを浴びると針が刺さるように感じられる（のではないか）、ご飯を食べると砂を噛むように感じられる（のではないか）などです。無理させずにできる対策を講じましょう。感覚過敏の他に感覚鈍磨もあります。明確に過敏や鈍麻があるとわかる場合もあればわかりにくい場合もあります。すべての感覚が過敏、鈍麻という訳ではなく、現れ方もさまざまです。

症状と対応策の例

○シャワーを嫌がる（触覚）
→ホースやぞうさんのシャワーにする。タオルを巻いて先生や仲良しの友だちと一緒にあびる。

○耳ふさぎをする（聴覚）
→イヤーマフや耳栓をする。ヘッドフォンで音楽を聞く。避けられる場合は避ける。予告できる場合は予告する。落ち着ける場所を用意。

○偏食がある（味覚）
→無理しない。一口か二口食べておかわりす

る。調理方法や見た目（弁当箱に入れるなど）を変える。

○光をいやがる、特定の物に注目し続ける（視覚）
→サングラス、間接照明、光量調節できる場合は暗めに設定する。カーテンを引く。

○触られると逃げる（触覚）
→前もって予告する。友だちなどに急に触らないように伝える。後ろから触られる場合は一番後ろの席にする。

○服を着ない（触覚）
→タグなどが嫌な場合は取る。感触が嫌な服や好きな服があるので保護者に聞いておく。着心地を確かめてから買う。

○暑さ、寒さを嫌がる（触覚）
→服装や水温などに配慮する。冷暖房に配慮し保冷剤などを使用する。

△痛みや気温に鈍感（怪我、発熱、腹痛、発汗など）
→出血していないか、熱がないか、歩き方、走り方、発汗など、いつもと違う様子がないか観察する。保護者と情報交換する。

落ち着いた環境で過ごす

感覚過敏によってパニックになったり、逃げ

出したりする場合もあります。子どもによって
出方が異なりますのでストレスをかけないよう
個々に対応しましょう。スライムやぷよぷよし

た人形などを持つことで落ち着ける場合もあり
ます。不安やすることがない時間を作らないよ
うに環境を整えましょう。

本人にしかわからないことは、大人が無理をさせないことが大切です。

症状と対応策の一例

シャワーを嫌がる → ホースやぞうさんシャワーにする。タオルを巻く

耳ふさぎをする → イヤーマフをする

服を着ない → タグを失くす

偏食がある → お弁当箱に入れる

光を嫌がる → サングラスをかける

後ろから触られると嫌がる → 1番後ろの席にする

暑さを嫌がる → 保冷剤を使用

不安は NG
落ち着ける環境を整えましょう

Point

● 今、やらなければならないことと、本人は辛いであろうという想像の狭間で悩んでください。それが想像するということです。

2-32 本人にしかわからない"こだわり"の理由がある

■ こだわりを認める

　こだわりをなくそうとするのではなく、興味の対象を広げる、こだわりを生かす、より好ましいこだわりに変えるという発想で対応しましょう。ストレスがかかると強くなることがあります。わからない時には本人の世界に土足で踏み込むようなことはせず何もしないというスタンスで臨みましょう。

■ 環境の変化が苦手・自己刺激行動

　環境の変化が苦手な子は同じことをくり返すなど自分がわかる状況にこだわることで安心します。柔軟に対応する力が弱いためです。無理せず環境の変化に対応できる場面が増えるとこだわりも徐々に減少します。

　こだわりは自己刺激行動が関係する場合もあります。一人でくるくる回るのをやめて回る遊具に乗ったり、抱っこされて回ったりすると他者との関わりの中での自己刺激行動に変えることができます。

■ こだわりを見極める

○興味の対象を広げる

　やり取りができる子には他の物や遊びを提案したり、こだわりを認めながら関連する物や遊びに誘ったりしてみましょう。

・恐竜の玩具やミニカーでばかり遊ぶ子→恐竜図鑑、ミニカー図鑑を読む、恐竜ごっこ、運転ごっこ

○こだわりを生かす

　こだわっていることを認められる形に変えていきましょう。

・規則正しく並べる→本ならべ、整理整頓
・窓を閉めずにいられない→窓閉め係
・電車にこだわる→電車博士として発表

○より好ましいこだわりに変える

　困ったこだわりがある場合、現在の状態より少しだけ良い状態のこだわりに移行しましょう。

・道路で自動車の車が回転するのを見る（危ない）→クーラーの室外機の羽が回るのを見る（道路よりは安全）→室内で扇風機が回るのを見る（室内）→パソコンで扇風機などが回る動画を見る（余暇活動への移行）
などです。

なくそうとするのではなく、より好ましいこだわりに変える発想が大切です。

こだわりを認める

ずっと動かないし
危ないし
困るわ

なんとか
やめさせ
られない
かしら

より好ましいものに変える

子ども用
扇風機どうぞ

やったー！！

興味の対象を広げる

世界の風車

オランダという国に
ある風車っていう
のはね・・・

すごい！
オランダって何？
もっと知りたい！

無理になくそうとせず、興味の対象を広げたり、こだわりを生かしたり、
より好ましいこだわりに変えましょう

Point

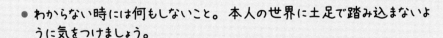

● わからない時には何もしないこと。本人の世界に土足で踏み込まないように気をつけましょう。

2章
困っているから成長する

2-33 場面かん黙
～不安や緊張からの自己防衛反応

■ 話す不安や恐怖からの回避

　家庭では話すのに幼稚園や保育園、学校に行くと話せない子がいます。不安や恐怖から回避するための自己防衛反応で、おとなしい子が多いようです。**家庭環境が原因ではありません。**

　話せない場面や程度には個人差がありますが、持っている力を出しにくくなります。自分でもなぜ話せないのかわからない上に発話を強要されるような状態は緊張と不安の連続となるので注意が必要です。

　見知らぬ人や慣れない状況への適応に時間がかかる乳幼児は全体の10～15％程度いると言われます。入園や入学、転校など環境の変化により不安が高まったり、先生からの叱責やいじめなどが原因になったりすることもあります。話せなくなると話すのに勇気がいるようになってしまい、そういう自分を意識してしまいます。

■ 安心感を養うのが最初

　緊張や不安をやわらげるために必要なのは話しやすい相手、話しやすい場面です。苦しい気持ちに寄り添い受容する母性的なかかわり方をしましょう。心をほぐすために、あたたかい雰囲気を大切にしてキャッチボールや両手をつないでのギッコンバッタン遊びなど言葉のいらないやり取りをしてみましょう。次に、楽しい交流やできたことで自信をつけましょう。話せない自分を意識している子なので、みんなと同じ流れの中で何気なく「いただきます」や「ごちそうさまでした」など、文字に書いた文を読むのも良いでしょう。その子にだけ無理に読ませないように注意が必要です。読めなくてもサラッと流しましょう。

　質問に対して○×や「はい」「いいえ」で答える機会をつくるのも良いです。筆談ができる子なら筆談をしても良いし、単語で答えられるような質問も良いでしょう。家庭と連携を取りながら、学校でお母さんと少し会話する、家にクラスの親しい友達を呼んでカルタで遊ぶなど、家庭での会話を徐々に学校で広げていくのも良いでしょう。それらの訓練は安心して心が許せる相手ができてからなので、先生がまずそういう大人になることがポイントです。話す不安や恐怖を軽減しながら無理せずに少しずつやり取りの幅を広げていきましょう。

無理に話しをさせようとしなくても大丈夫です。

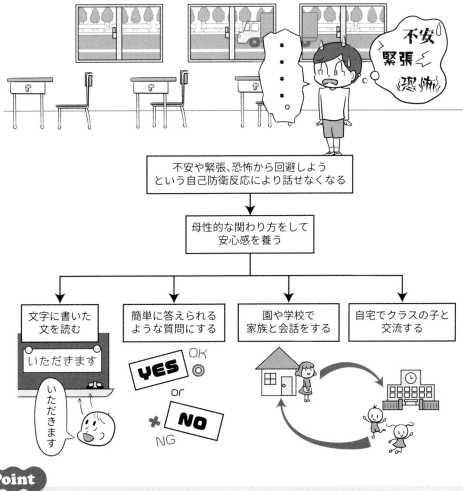

不安や緊張、恐怖から回避しよう
という自己防衛反応により話せなくなる

母性的な関わり方をして
安心感を養う

| 文字に書いた文を読む | 簡単に答えられるような質問にする | 園や学校で家族と会話をする | 自宅でクラスの子と交流する |

Point

● 話し始める時期は本人次第です。心の泉が満たされるよう温かく関わり見守りましょう。

ダウン症のコミュニケーション

2-34

■ 口腔の運動機能により
■ 発音が不明瞭になりがち

　ダウン症の原因は染色体の異常で心臓疾患や消化器疾患、頸椎や目、耳などに合併症が見られます。感染症の危険があり自律神経の調整も難しいため便秘や冷え性などに注意が必要です。口腔の運動機能や舌の器質的な特徴から発音が不明瞭で聞き取りにくいことが多く、摂食や嚥下にも影響を与えます。個人差があるので子どもの情報を収集して気を付けることを頭に入れておく必要があります。

■ やり取りする楽しさが大切

　ダウン症に限らずワーキングメモリーが弱い子は「いちご」と言われても「ご」しか頭に残らず正確に聞き取ることができません。「ぐんぐん」「よしよし」など同じフレーズをくり返す言葉は比較的覚えやすいでしょう。聞き取る力が弱いので、ゆっくり、はっきりと繰り返して教えましょう。短いフレーズでひとつの文章には一つの内容にし、ジェスチャーやサインの他、絵などの視覚的ヒントを使ってわかりやすく伝えましょう。子どもが興味をもっている話題について言語化し、具体的な言葉を使って表現の幅を広げていきます。発達はゆっくりしていて個人差もあるので、焦る必要はありません。遊びや音楽を通して身体を動かしたり、ままごとやごっこ遊びで想像力を伸ばしたりしましょう。生活や経験したことは言葉と結びつきやすいものです。身近なことを話題にして言葉を身につけましょう。理解できる言葉が増えれば話す言葉も増えていきます。絵カードなどで「〜をください」など本人の伝えたいことがこちらにわかるような工夫も大切です。絵カードや文字カードを使っての言葉遊びは、その子に合わせて簡単な物から難しい物へとレベルアップしてみましょう。カードを見ながらクイズ形式で質問するのも良いでしょう。**やり取りする楽しさを大切にしながら表現の幅を広げていきましょう。**

■ 出生前診断の疑問

　出生前診断が可能になり、日本では胎児が染色体異常であるとわかった人の9割以上が中絶するという衝撃的な結果が出ています。出産後の支援体制やサービスなどの向上が望まれるのは当然ですが、この数字は「命とは何か、生きるとは何か」ということをわれわれに突きつけています。

やり取りする楽しさを大切にしましょう。

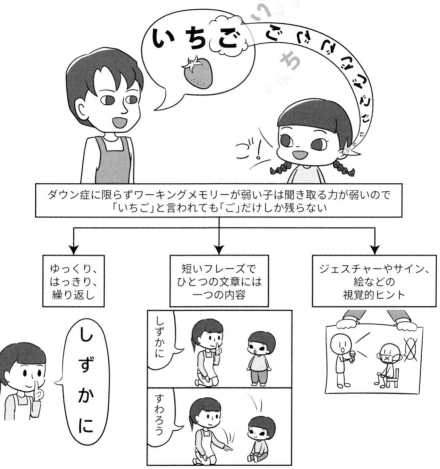

ダウン症に限らずワーキングメモリーが弱い子は聞き取る力が弱いので
「いちご」と言われても「ご」だけしか残らない

| ゆっくり、はっきり、繰り返し | 短いフレーズでひとつの文章には一つの内容 | ジェスチャーやサイン、絵などの視覚的ヒント |

Point

● ふうせんや紙ふうせんなどを膨らます、シャボン玉、吹き戻し（ピロピロ笛）など、遊びの中で吹く練習をしましょう。

コラム 2

失敗談

　私の失敗談です。

　絵日記を書こうとしている自閉症の子に「『絵』を描いて」と言うと、画用紙に「え」と書いた子がいました。着がえをしている時に、反対なので「反対」と私が言っていると「はんたい」と言いながら反対に着がえをするようになった子。「成沢先生」と呼びかけられて、いつも「はい」と答えていると「成沢先生はい」と呼びかけるようになった子。トイレに行きたくて突然教室を飛び出した言葉のない子を、理由がわからずに止めようとして平手打ちで殴られたこと。私と繋いでいた手を振りほどいて川に飛び込んでしまった子。大便まみれになってしまった子。どうしても許せないことをしてしまったADHDの子を叱った時「もう、お前とは離婚する！」と言われたこと……。

　失敗談を話し出すといくらでも出てきます。同僚の先生方から「成沢先生、何してんの？」という視線を感じたことは数知れず。同調圧力という言葉がよく聞かれますが、それは自分が圧力と感じるか感じないかで異なります。「『成沢先生、何してんの？』という視線を感じても何とも思わないことにしよう。」と開き直ってからは楽になりました。だって、一生懸命にやってこれなんだから仕様がないじゃん。その気持ちは今も変わりません。

※2-8注　VOCA：Voice Output Communication Aids の略。音声出力機能を備えたコミュニケーション機器の総称で大型の物からポケットサイズのものまである。AAC（補助代替コミュニケーション）の一つ。AAC は他にもコンピューターや iPad 等のアプリケーションなど、さまざまな物がある。

第 **3** 章

育ちに役立つ知識

動機づけ尺度(MAS)によって 行動の意味を知ろう

■ 行動の機能を教えてくれる

　ある行動がどのような機能をもつのか調べる方法に動機づけ尺度Motivation Assessment Scale（MAS）があります。機能を知りたい行動をできるだけ具体的に書き出し、16の質問項目に０〜６で答えます。解答用紙（質問項目が番号になっています）に答えの番号を記入します。縦の覧を合計、平均して数値の高い項目（感覚、逃避、注目、要求のどれか）がその行動の機能となります。子どもの行動について情報交換する機会にもなるので MAS は複数の大人で実施するのが良いでしょう。ただ、これらが動機のすべてではないのであくまでも参考までに使ってみるようにしましょう。

■ 感覚、逃避、注目、要求

　要求や拒否が高ければその行動に代わる伝え方（要求→お願いします、くださいなど／拒否→いやだ）を教えましょう。注目であれば取り合わないようにします。今までかまってくれていたのに取り合わないとなると、注目してもらうために行動が過激になることがあります。そこでかまってしまうと「過激な行動をすればかまってもらえる」ことを教えることになるので注意しましょう。無視しきれるかどうかよく考えて、無視すると決めたら最後まで取り合わないことです。適切な場面でしっかり注目して関わりましょう。感覚ならば、その行動によって何かしらの刺激を受けているということです。不安な状態にあることも予想されるので、軽減できる場所や時間を確保しましょう。

■ 集会で座らない子の例

　集会などで体育館に行くといつも座らない子がいました。「○○ちゃん、座ろうね」と多くの先生達から言われて始まる寸前に座ります。みんなが集まる集会などではいつも同じでした。MAS を実施してみると「集会で座らない」という行動の機能は「注目」でした。その後、休み時間に教室でしっかり関わり、集会で座らなくても誰も声をかけないようにすると、やがて最初から座るようになりました。かまってもらいたくて座らなかったのですが、その意味がなくなったのです。大人が気づかない行動の意味を教えてくれる可能性がMASにはあります。

感覚、逃避、注目、要求のうち、値の高い項目が その行動の機能です。

動機づけアセスメント尺度（MAS）　質問用紙

No.　　　　記入年月日　　　年　　　月　　　日　　　記入者

A　気になってる（困っている）行動を具体的に一つ書いてください

B　その行動が起こる場面（いつ・どこで・なにをしている時など具体的に）

C　その行動について、以下の質問を読んであてはまる番号に○をつけてください

| 0：まったくしない　　　1：ほとんしない　　　2：しないことが多い　　　3：しない場合とする場合が半々くらい |
| 4：することが多い　　　5：ほとんどする　　　6：必ずする |

①その子（児童生徒）は長い間放っておかれるとその行動を繰り返しますか？　　　　　　　　　　　　　　　　　　0 1 2 3 4 5 6
②その子は難しいことをするように求められるとその行動をしますか？　　　　　　　　　　　　　　　　　　　　　0 1 2 3 4 5 6
③その子はあなたがその子のいる教室で他の子どもや大人にかかわっているとその行動をするようですか？　　　　　0 1 2 3 4 5 6
④その子は「だめ」と言われている食べ物・おもちゃ・教材を得るためや、「してはだめ」と言われている活動をするために
　その行動をするようですか？　　　　　　　　　　　　　　　　　　　　　　　　　　　　　　　　　　　　　　0 1 2 3 4 5 6
⑤その子は周りに誰もいない時にその行動を繰り返し同じやり方で長時間しますか？（たとえば、身体を前後に揺するなど）　0 1 2 3 4 5 6
⑥その子はあなたが何かするように求めるとその行動をしますか？　　　　　　　　　　　　　　　　　　　　　　　0 1 2 3 4 5 6
⑦その子はあなたが注目するのを止めるとその行動をしますか？　　　　　　　　　　　　　　　　　　　　　　　　0 1 2 3 4 5 6
⑧その子は好きな食べ物・おもちゃ・教材・活動を取り上げられるとその行動をしますか？　　　　　　　　　　　　0 1 2 3 4 5 6
⑨その子はその行動をすることを楽しんでいるようですか？（その行動で感覚、味、見ること、臭い、音などを楽しんでいる）　0 1 2 3 4 5 6
⑩その子はあなたが何かさせようとするとあなたをあわてさせたり、困らせたりするためにその行動をしているようですか？　0 1 2 3 4 5 6
⑪その子はあなたが注目していないとあなたをあわてさせたり困らせたりするためにその行動をするようですか？（例えば、
　あなたが他の教室で座っていたり他の子どもや大人とかかわっている時）　　　　　　　　　　　　　　　　　　0 1 2 3 4 5 6
⑫その子は欲しがっていたおもちゃ・食べ物・教材が与えられたり、やりたがっていた活動を許されたりすると間もなく後
　にその行動をしなくなりますか？　　　　　　　　　　　　　　　　　　　　　　　　　　　　　　　　　　　　0 1 2 3 4 5 6
⑬その子はその行動をしていると周りで起こっていることも気づかずおとなしくしていますか？　　　　　　　　　　0 1 2 3 4 5 6
⑭その子はあなたがその子に何かを促したり要求したりするのを止めると間もなく（1～5分）その行動をしなくなります
　か？　　0 1 2 3 4 5 6
⑮その子はあなたに一緒にいさせるためにその行動をするようですか？　　　　　　　　　　　　　　　　　　　　0 1 2 3 4 5 6
⑯その子はやりたいことを「しちゃだめ」と言われた時にその行動をするようですか？　　　　　　　　　　　　　0 1 2 3 4 5 6

回答欄
（各欄の番号は
質問番号に対応）

機能	感覚	逃避	注目	要求
	①	②	③	④
	⑤	⑥	⑦	⑧
	⑨	⑩	⑪	⑫
	⑬	⑭	⑮	⑯
合計				
平均				

Point

● やり方は簡単、①～⑯の質問に0～6の数字で答えて合計、平均するだけです。

こうやったら、こうなる ～応用行動分析（ABA）を知ろう

■ 行動には原因と結果がある

　応用行動分析 Applied Behavior Analysis（ABA）は行動の原因を前後の環境に求めます。これですべてが解決する訳ではありませんが役に立つ考え方なのでおさえておきましょう。

	（前の出来事）	（行動）	（結果）
①	わからない・面白くない	立ち歩く	注目される・授業の中断
②	叩こうとする	我慢	褒められる

　①は問題となる（変えたい）行動で②は上手くいっている行動です。いずれの場合も前の出来事と結果が行動を決めています。この原理を用いて行動を増やしたり減らしたりしようとします。「こうやったら、こうなる」ということを子どもが学ぶために、大人が記録可能、評価可能な準備をしておく必要があります。

■ 行動を増やす・行動を減らす

　好きな物や活動、関わりを好子、嫌な物や活動、関わりを嫌子と呼びます。
・行動の後に好子を提示、嫌子を除去
　→　行動は増える
・行動の後に嫌子を提示、好子を除去
　→　行動は減る
　好ましい行動を増やし、好ましくない行動を減らすために、まず環境を整えた上で結果を調整しましょう。**好ましくない行動を減らすよりも好ましい行動を増やすことが支援の基本です。**

■ 個々に合った好子で強化する

　好子にはいろいろあります。お菓子やジュースなどの飲食物、玩具や人形などの物、テレビを見たり遊んだり絵本を読んだりする活動、「すごいね」「よくできたね」などの賞賛される言葉、握手、抱きしめる、タッチ、くすぐられる、背中を軽く叩かれる、グーなど。

　できたらすぐに褒めるなどの好子を与えると「こうすれば良いんだな」ということがわかりやすくなります。毎回すぐに褒める段階から時々褒める段階になると、できたらシール1枚ゲットで10枚たまったら好子などにしていきましょう。

　相談できる仲間をつくって楽しく実施しましょう。

好ましくない行動を減らすよりも
好ましい行動を増やすことが大切です。

問題行動への対応

・問題行動を維持している原因と思われる直前または直後の出来事をなくす
・問題行動とは別の適切な行動を見つけて積極的に褒めたり注目したりする（適切な行動を教える）
　　→　当たり前のように見えることを褒める
・問題行動と同じ意味の言葉を教える
・しなくてもよい状況をつくる

（罰のマイナス効果）
・罰だけでは、何をしたら良いかわからない
・罰を与える人に反抗心や抵抗心をもつ
・モチベーションが継続しない

行動が増える場合

（前の出来事）	（行動）	（結果）
ゲームをしていて「もう終わり」と言われた	ゲームを止めた	褒められた 宿題ができた

行動が減る場合

（前の出来事）	（行動）	（結果）
ゲームをしていて「もう終わり」と言われた	ゲームを止めた	褒められなかった 別の用事をさせられた

　離席する、という行動であれば、離席しなくても良い環境を整えた上で、離席していない時に注目しましょう。

（前の出来事）	（行動）	（結果）
好子なし（楽しくない）嫌子あり（分からない）	離席する	好子あり（注目・関わり）嫌子なし（授業の中断）

注意する

好子あり（楽しい）嫌子なし（分かる）	離席しない	着席時、好子あり（注目・関わり）

　こういう悪純化にならないようにしましょう。

（前の出来事）	（行動）	（結果）
おもしろくない することがない 退屈	にげる	追いかけられる かまってもらえる
怒られる	暴言	注意される
注意される	物を投げる	怒られる

Point

● 子どもの行動を（前の出来事）と（結果）から見る（環境から見る）視点を身につけると子どものせいにしなくなります。

3-3 支援には「それまでの支援（準備）」と「その場での支援（4段階）」がある

■ わかりやすい環境

支援には「その場での支援」と「それまでの支援（準備）」があります。先生が子どものために最初にすることは、わかりやすい環境づくり（準備）です。予定や活動内容をスケジュールや絵などで視覚的に提示したり、動線を考えて物や掲示物を配置したり、何をどこに片づけるのかなどがわかるように絵や文字を棚に貼ったりしましょう。

■ 支援の4段階

その場での支援は下記の④が最もわかりやすく、支援を減らすのも簡単です。①から④に行くほどわかりやすい支援になります。

① 言葉かけ

「どうぞ」「次はどうする？」など次の活動を促す言葉かけや「服をもって」「頭からかぶる」など具体的な行動を表す言葉かけがあります。声のトーンや表情などが話す内容よりも大切になることがあります（2章11「メラビアンの法則」）。

② 身振り

指さしやジェスチャーなど。ジェスチャーの方がわかりやすいヒントです。

③ モデルを示す

その場でやって見せる場合や動画で見せる場合があります。

④ 身体的誘導

手を持って箱に積み木を入れる、手をつなぐなど直接触りながらヒントを与えます。行く方向を指さしながら腰のあたりを軽く押すなど、他の支援と組み合わせることもあります。触られるのに抵抗がある子には、嫌がらない場所を探してくすぐり遊びや抱っこ遊び、握手などを行ってから誘導しましょう。

■ 支援の使い方

最初は少ない支援で段々支援をふやしていく方法と、最後の段階だけ子どもがするようにしておき、段々支援を減らして子どものする範囲を広げていく方法がります。後者の方法は失敗が多い子など達成感をもたせることを重視する場合に有効です。支援を選択する時には課題分析が役立ちます（3章4「課題分析で子どもの苦手なポイントを知る」）。

「その場での支援（4段階）」には
①言葉かけ②身振り③モデル④身体的誘導があります。

それまでの支援 (準備)

わかりやすい環境作りを心掛けましょう

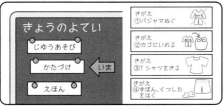

スケジュールや絵で視覚的に提示

動線を考えた配置や
片付け方法がわかりやすいような工夫

その場での支援 (4段階)

1→4になる程、わかりやすい支援になります

1 言葉かけ

次の活動を
促したり、
具体的な行動
を表す言葉
をかける

頭から
かぶるよ

2 身振り

頭から
かぶるよ

指さしや
ジェスチャーなど

3 モデルを示す

その場で実演したり
動画を見せる

頭から
かぶるよ

4 身体的誘導

頭から
かぶるよ

直接触りながら
ヒントを与える

Point

● 身体的誘導は最もわかりやすく、支援を減らすのも簡単です。

3-4 課題分析で子どもの苦手なポイントを知る

課題分析とは、複雑な行動をより細かく具体的なスモールステップに分けることです。

■ 行動をスモールステップに分ける

「ブロックを片づける」という行動をスモールステップに分けてみます。

① 箱を出す
② 散らかっているブロックを見る
③ 散らかっているブロックを持つ
④ 箱を見る
⑤ 箱に入れる
⑥ ②～⑤をくり返す
⑦ 箱を元の場所に戻す

これによって「ブロックの片づけができない」ではなく「散らかっているブロックを見る」ができない、「箱に入れる」ができないなど具体的な課題が見えてきます。①であればしまう箱がわかるように目印をつける、⑤であれば大人が手伝って最後の２～３個を子どもが入れるようにして徐々に支援を減らしていくなど具体的な対策を考えることができます。①から順番に教えるのが良いか⑦から教えるのが良いか子どもに合った方法を選びましょう（３章３「支援には「それまでの支援（準備）」と「その場で

の支援（４段階）」がある」）。

■ 支援のポイントがわかる

課題分析を行うことで子どもがどこでつまずいているかわかります。目標までのステップは子どもによって異なるので、子どもに合わせてどれだけ細かくスモールステップに分けるかを決めます。

「歯みがきをする」であれば①歯ブラシにチューブをつける　②奥歯をみがく　③前歯をみがく　④水でゆすぐ、で良い子もいるでしょうし、①左手に歯ブラシをもつ　②右手にチューブをもつ　③歯ブラシにチューブをつける　④左上の奥歯を10回みがく　⑤左下の奥歯を10回磨く　⑥右上の奥歯を10回磨く　⑦右下の奥歯を10回磨く　⑧上の前歯を10回磨く　⑨下の前歯を10回磨く　⑩コップに水を入れる　⑪コップの水を口に入れて10回ゆすぐ　⑫口から水を出す　⑬コップをおく　⑭歯ブラシをゆすぐ　⑮歯ブラシをおく、このように細かくする必要のある子もいるでしょう。

目標までのステップは子どもによって異なります。絵カードで順番に何をするかめくって確認するのも良いでしょう。

支援のポイントを絞り込むことができます。

活動名のみ

 は を みがく

大まかなスモールステップ

 ハブラシに
チューブをつける

 おくばを
みがく

 まえばを
みがく

 みずで くちを
ゆすぐ

細かいスモールステップ

 ひだりてに
ハブラシを もつ

 みぎてに
チューブを もつ

 ハブラシに
チューブを つける

 中略

 コップに みずを
いれる

 みずで 10 かい
くちを ゆすぐ

 くちから みずを
だす

 ハブラシを
みずで ゆすぐ

 ハブラシと
コップを おく

Point

● どれだけ細かいステップにするかは、子どもの発達状態に合わせましょう。

3-5 子どもは大人に注目されたところが伸びる 〜ほめ方・しかり方

■ できないところではなく、できるところを見つけて褒める

　子どもは注目されたところが伸びるものです。良いところに注目すれば良くなるし、悪いところに注目すれば悪くなりやすいのです。悪いところにはなるべく注目せずに良いところを見つけて褒める、できないところではなく、できるところに注目しましょう。マイナスをプラスにするよりもプラスをもっと伸ばすことで全体のマイナス部分が減るのです。**言葉で褒める場合はその場で具体的に褒めましょう。**みんなの前で褒めるのが良いのか個人的に褒めるのが良いのか、全部できて褒めるのか、一部できたら褒めるのか子どもによって徐々にレベルアップしていきましょう。抱っこや握手、くすぐり遊び、大好きな先生と一緒に遊んでいる状態も子どもにとっては褒められているのと同じ効果があります。「やってみたら上手くできた」という思いと「よくできたね」と褒められることが自信に繋がり「またやってみよう」という気持ちになります。そうやって成長していくのが子どもです。寄り添い認めてくれる大人が子どもの近くにいるのはその子が幸せになる条件のひとつです。

■ 子どもは大人のすることを模倣する

　大人にされたことを子どもは模倣するので叱り方には慎重になる必要があります。体罰は絶対にいけません。虐待された子どもが大人になって虐待してしまうのは、自分の中に虐待された体験があることが要因の一つです。

　毎日叱られてばかりいたら「自分はだめな子だ」と自信をなくすでしょう。「叱られるようなことをするからです」と言いたくなるかも知れませんが、それが子どもなのです。好奇心の塊で後先のことなど考えずに、今、目の前にある事象がすべてなのです。わざと大人を困らせるようなことをするのであれば、かまってほしい、可愛がってほしいからなのです。これまでの育て方を大人が省みる必要があるのです。

　感情的に叱るのは上手く褒めるのよりも簡単ですが、子どもには計り知れない悪影響を与えることを肝に銘じましょう。近くに相談できる人を見つけましょう。余裕がもてる自分になれるにはどうすればよいか考えましょう（3章14「辛い時には時間が味方になってくれる〜その場から離れる・他人に頼る」）。

> マイナスをプラスにするよりも、プラスをもっと伸ばすことで
> 全体のマイナス部分が減ります。

人は注目したところが伸びる

失敗　苦手　得意

→いいところ、できるところに
　注目しましょう

褒める時は・・・

すぐに褒める

nice!

時間が経ってから
ではわからない

具体的な行動を褒める

ゴミ箱に
捨てられたね！

何が良かったのか
わかりやすく

褒められる

自信に繋がり
「またやってみよう」
という気持ちになる

嬉しいなぁ
また頑張ろう！

寄り添い褒めてくれる大人が
近くにいるのは子どもが
幸せになる条件のひとつ

Point

● 叱られてばかりいると「自分はダメな子だ」と自信をなくします。

コミュニケーションサンプル ～得意なところを生かした適切な目標設定のために

■伝える力を分析する

　どんな人に、どんな場面で（文脈）、どういう内容を（機能）、どのような手段で伝えることができているのか記録にとって調べ（80サンプル程度）、目標設定に役立てましょう。自発的で明確なものだけを記録し判断に迷うものは記録しません。手の届かない所に好きな玩具を置くなど場面を設定してコミュニケーション行動を引き出してもOKですが、周囲からの働きかけに対する応答は記録しません。記録用紙や解析用のソフトがセットになって学研から「ちょこっとコミュニケーション」（坂井聡・宮崎英一著）という書籍が出ています。「自閉症のコミュニケーション指導法」（岩崎学術出版社）も役立ちます。

■得意なところを生かして目標を立てる

　例えば結果が以下のような場合（自発的コミュニケーションの回数①が多く④に行くほど少ない）

（場面）	①自由遊び	②食事
	③着がえ	④帰る前
（相手）	①A先生	②B先生
	③園長先生	④C先生
（機能）	①その他	②要求
	③拒否	④注意喚起
（手段）	①サイン	②音声
	③カード	④クレーン他

　得意な①をベースにして一つだけを②にします。場面は①自由遊び、相手は①A先生、手段は①サイン（②音声を併用してもOK）です。機能だけを②要求に設定します。要求の出し方を得意な方法で慣れた場面や先生との間で学ぶということになります。

　目標：自由遊びの時、A先生にサインか音声（併用）で要求する

■伝える楽しさを味わう

　上記の目標がほぼできるようになれば「サインか音声（併用）」を「音声」にすることができるかもしれません。子どもの表出コミュニケーションがどのように行われているのかを知り、無理なく得意なところを生かして伝える楽しさを広げるためのアセスメントです。

その子の "伝える力" がわかります。

得意なところを生かして目標を立てる

分析した棒グラフ

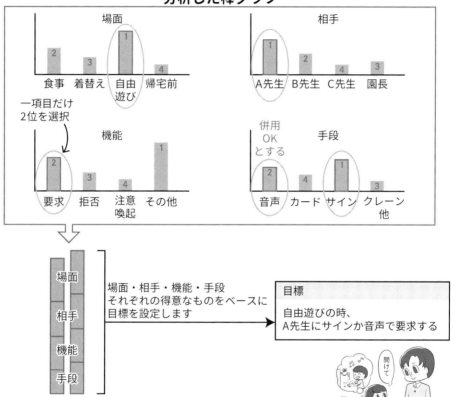

場面

| 食事 | 着替え | 自由遊び | 帰宅前 |
| 2 | 3 | 1 | 4 |

相手

| A先生 | B先生 | C先生 | 園長 |
| 1 | 2 | 4 | 3 |

一項目だけ
2位を選択

機能

| 要求 | 拒否 | 注意喚起 | その他 |
| 2 | 3 | 4 | 1 |

併用 OK とする

手段

| 音声 | カード | サイン | クレーン他 |
| 2 | 4 | 1 | 3 |

場面
相手
機能
手段

場面・相手・機能・手段
それぞれの得意なものをベースに
目標を設定します

目標

自由遊びの時、
A先生にサインか音声で要求する

音♪ 開けて

● どこで、誰に、どんな内容を、どんな手段で伝える力があるか調べてみましょう。

スケジュールの導入
〜嫌な物だと思われないように

■自主的に活動するための物

活動の内容を言われてするのではなく、自分で見て自主的に活動できるようになるためにスケジュールはあります。時間割と同じです。**次の活動内容を言うのではなく、できるだけ「スケジュールを見る」という指示（音声や視覚提示）を出すようにしましょう。**

■スケジュールを見る段階

大人のさせたいことばかりを提示して「スケジュールはいやなもの」と思われないように気をつけましょう。以下、留意点です。

① 導入期は活動内容とスケジュールの一致を優先させます。「今までと同じことをしているが、スケジュールを見て同じ活動をする」という手続きを覚えます。拒否されないスケジュールを組むことから始めます。

② それでも見ない場合は好きなこと（好きな活動、おやつなど）をたくさん入れます。スケジュールを見ることが楽しみになるようにします。

③ 一度に複数の負荷をかけないようにしましょう。終われない、スケジュールも見ない子にはどちらか一方だけ（できればスケジュール）を優先させます。当面の間、納得して終わるでも良いでしょう。

④ 1日のスケジュールが無理なら登園から自由あそびまでなど時間を区切ってスケジュール確認できるようにしましょう。

⑤ その子にわかる方法で提示しましょう。「わかっているだろう」と言う時は一段階下から始めるのが無難です。

　　具体物1個→具体物複数→具体物の写真→絵→文字

⑥ いろいろな物が見えないような場所にスケジュールを設置しましょう。

⑦ スケジュールを見る習慣がついたら、少しずつがんばる活動をいれましょう。がんばった後は楽しみな活動を入れます。

⑧ やりたいことが沢山あったり、自由時間に混乱したりする子には「えらぶ」という活動を入れます。別のチョイスボードに子どもに応じた選べるだけの活動を提示します。

⑨ スケジュール上でやりとりするのは良くありません（拒否されないスケジュールを組むことが大切）。コミュニケーションボードなどを別につくってやり取りしましょう。

みんなが絵カードでわかるとは限りません。その子にわかる物
（具体物？ 写真？ 絵カード？ 文字？）で提示することが大切です。

スケジュールは何をするのかわかって自主的に活動するための物

↳ 言われてするより、自分から行動するのが Good!

導入期は拒否されるスケジュールにしないように注意

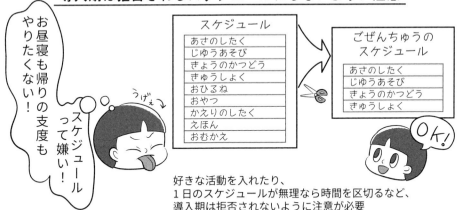

好きな活動を入れたり、
1日のスケジュールが無理なら時間を区切るなど、
導入期は拒否されないように注意が必要

Point

● スケジュール上での「やる」「やらない」のやり取りはしないよう拒否されない内容にしましょう。

サポートブック
～子どものことをわかってもらうために

■ みんなと繋がるツール

　サポートブックとは、その子に初めて接する人が「こう接すれば良いんだな」ということが簡潔にわかるようにまとめられた物です。**コミュニケーションのとり方や特性、食事やトイレ、日常生活動作など身のまわりのこと、性格、好きなこと、医療情報、関係する機関など、伝えたい項目を考えて必要度の高い順に書きます。**文字ばかりでなくイラストなどを多用してわかりやすくしましょう。「こういう場合にはこうしてください」といった具体的な接し方を書き、初めて見た人にとってすぐに役立つ物にします。

　そのためには具体的な支援をして成功例をもっていることが大切です。支援者側からの表現ではなく「わからないとイライラしてパニックになるので、することやいつ終わるのか見てわかるように教えてくれるとうれしいです」など本人の視点からの表現で書くのも良いでしょう。また、「～ができない」ではなく「～すれば…ができる」など表現に注意し本人にとって不利益な物にならないことが基本です。

■ 保護者が作って園で借りる

　基本的に保護者が作ることが多いですが、ペアレントトレーニング（お母さんの勉強会）などの一環として学校や園と一緒に作る場合もあります。保護者が所有して学校や園が一部借りるという形になります。新しく来た先生や実習生、施設の職員などが見て支援の仕方などを頭に入れ、早く仲良くなるのに役立つでしょう。実際に使うカードなどを入れておくのも良いですね。成長して表現を変えることもあると思いますが、その時々で保存しておくと大切な記録にもなります。

■ 節目で役に立つ

　幼稚園や保育園入園から小学校や支援学校入学、転校などの他、放課後デイサービスや学童クラブ、ショートステイ、移動支援などの施設利用、実習などさまざまな節目で役に立ちます。私も熱心な保護者が作られたサポートブックに随分助けられました。子どもを預けるのは保護者としても不安だと思いますが、だからこそわかりやすいサポートブックを作りましょう。

> 「〜すれば…できる」など具体的な支援での成功例があると
> わかりやすくなります。

サポートブックのイメージ

「こう接すれば良いんだな」ということがわかりやすくまとめられたものになります

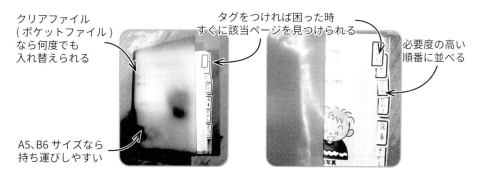

クリアファイル
(ポケットファイル)
なら何度でも
入れ替えられる

タグをつければ困った時
すぐに該当ページを見つけられる

必要度の高い
順番に並べる

A5、B6サイズなら
持ち運びしやすい

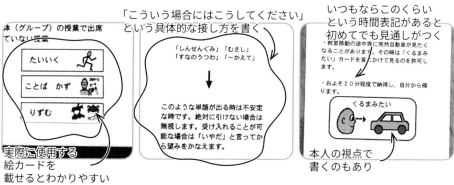

「こういう場合にはこうしてください」
という具体的な接し方を書く

いつもならこのくらい
という時間表記があると
初めてでも見通しがつく

本(グループ)の授業で出席
ていない授業

たいいく	
ことば　かず	
りずむ	

実際に使用する
絵カードを
載せるとわかりやすい

「しんせんぐみ」「むさし」
「すなのうつわ」「〜かえて」

↓

このような単語が出る時は不安定
な時です。絶対に引けない場合は
無視します。受け入れることが可
能な場合は「いやだ」と言ってか
ら望みをかなえます。

・教室移動の途中等に突然自動車が見たく
なることがあります。その時は「くるまみ
たい」カードを首にかけて見るのを許可し
ます。

・およそ20分程度で納得し、自分から帰
ります。

くるまみたい

本人の視点で
書くのもあり

> 大きさ、形式、内容に決まりはありません。
> 初めて見る人でもわかりやすい工夫ができると良いですね。
> 入園・入学、施設、福祉サービス利用、実習などさまざまな場面で役に立ちます。

Point

● 本人にとって不利益にならないことが基本です。

こんな先生がいいな

3-9

こんな先生がいいな〜と河童先生は思っています♡

すべての子どもに対して

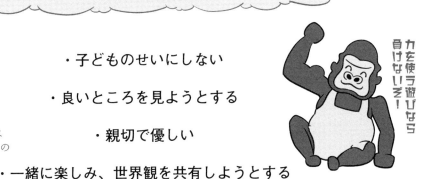

カを使う遊びなら負けないぞ！

お花は好きなの

・子どものせいにしない

・良いところを見ようとする

・親切で優しい

・一緒に楽しみ、世界観を共有しようとする

・見えている子どもの姿の向こうに見えない可能性を見出す

・子どものことをすべてはわからないが、わかろうと思って想像しようとする

・子どもと居る時間を一番大切にする

本やおもちゃの修理はお任せ！

細かい作業は得意なんだ

> 自分の持ち前を発揮して、それぞれの繋がり方で
> 子どもを幸せにしましょう。

生きづらさを抱える子どもにはさらに追加で

歌なら任せて♪

・無条件に大切な存在として認め、楽しませてくれる

・いつも支援を受ける子どもにしない

・良いと思ったことをいろいろ実行し、子どもが何を学ぶのか常に考える

・接し方の切り口を見つけるために向上心をもってプラス α の努力をする

・へこたれない、打たれ強い

水遊びをしよう!

縄跳びするかい?!

いろんな先生がいる、いろんなおもしろさがある

Point

● 先生の幅が広いほど、その集団は豊かになります。

3-10 やる気はどこからくるのか
～子どもの「今」がわかると認めて待つことができる

■ 子どもの「今」と本気で向き合う

　愛情の物差しのひとつは「認めて待つ」ということです。待てるのは子どもの「今」がわかるからです。状況に応じて常に新しい意味づけをしながら「今」をつくり出す子どもの意識まで降りて、大人も同じように遊んだり楽しんだりしましょう。そうすることで子どもの行動を受け入れ認めることができるのです。

　子どもと本気で遊べる保育者や教育者は子どもの「今」を理解できるでしょう。子どもは自分を認めてくれる人を好きになり関わろうとします。自分を成長させてくれる人を本能的に知っているからです。

　子どもの心に働きかけ、心を育てることによって子どもは自然に成長します。発話を受け止め、共感し、楽しくやり取りしましょう。「この人が近くにいれば安心」という結びつきをよりどころにして、友だちや遊びの輪が広がります。**良かれと思って子どもの自然な成長を妨げることさえしなければ良いのです。**子どもに過剰に干渉する、子どもがやろうとしたことを禁止する、子どもがやったことを大人が目の前でやり直すなどです。

　「できた／できない」だけで評価すると結果が大切であることを教えることになります。で

きることや失敗しないことを大切にし、チャレンジしようという気持ちが育ちにくくなるので気をつけましょう。やる気は無条件に受け入れられる、認められるということから湧いてきます。

■ 子どもは常に必要な活動をしている

　子どもも育ちや学びに必要な活動かそうでないかは自分が一番良くわかっています。必要な活動を子どもは常に行っているのです。遊びは大きな育ちの場になるでしょう。自分で考え行動し、その中で関わり方も学びます。大人にできることは、待つ、時には助言することです。大人が頑張らなければならないのは子どもをわかろうとすること、課題を設定することです。課題が適切であれば子どもは生き生きと活動するでしょう。発達段階に応じてさまざまな遊びの場面がありますが、子どもがどの段階にいるのか、どのような遊びが育ちを促すのかわかることが大切です。ごっこ遊びに誘っても難しい子どもと、発達段階的にはごっこ遊びができるのだけれど入っていけない子との見分けがつくかどうかが試されるのです（2章14「友達と遊べない子は大人が一緒に遊んで友達へ繋ぐ」）。

遊びは大きな育ちの場です。
自分で考え行動し、その中で関わり方も学びます。

遊びの種類

①感覚遊び
(感覚刺激による遊び)

②ひとり遊び
(玩具などを使いひとりで遊ぶ)

③平行遊び
(他の子のそばで意識しながら遊ぶ)

④対面遊び
(同じ遊びを他の子と一緒にする)

⑤順番遊び
(他の子と遊具や玩具などを順番に使用して一緒に遊ぶ)

⑥グループ遊び
(ルールのある遊びを複数で行う)

⑦ごっこ遊び
(役割分担してその役を演じながら複数で遊ぶ)

↘ 育ちや学びに必要な活動→自分が一番良くわかっています

Point

● 良かれと思っての過干渉や禁止など、子どもの成長を妨げることさえしなければいいのです。

子どもの心に働きかけ心を育てる
〜見えるとは見抜くということ

■ わかるとは関わること

　缶ジュースを上から見て「私は丸だと思う」、横から見て「私は四角だと思う」、斜めから見て…といくら言っても全体像は表せません。子どもをわかるとはそういうことです。「『私の定規』によって無理やりおさえつけたものだけが『わかる』こと」であり、「決して『ありのまま』が『わかる』ということではない」のです（北樹出版『倫理学への助走』藤本一司著）。

　しかし、わかろうとすることはできます。好きな人にプレゼントをしようと思ったら、何をほしがっているのか詳しくわかっているほど適切なプレゼントができるでしょう。わかることと関わることは密接に関係しています。

■ 時々刻々と変化する子どもの「今」に共感する

　子どもを取り巻く環境は日々刻々と変化しており、関わる大人は変化する「今」に敏感に反応しなければなりません。それは人間性や教養、経験、勘などその人すべてに関わるものです。子どもと本気で共感しながら活動する中でしか本人の「今」を捉えることはできないのです（3

章10「やる気はどこからくるのか〜子どもの「今」がわかると認めて待つことができる」）。

　見えるとは見抜くということです。言動の奥にあるものを捉えることです。その人なりの切り口をもっていればそこから何かを見抜くことができるでしょう。アセスメントはそういう意味で役に立ちます。しかし、それらの切り口も「缶ジュースの一面」であることを忘れないでください。**子どもは常に新しい意味をつくりながら活動しています。その世界についていくためには子どもの可能性に目を向け、予測不可能なすばらしい存在であることに気づくことです。**子どもはわからないということを知っている上でわかろうとするという想像力が必要になります。

　想像力をつけるためには、知的好奇心と楽しむ力が大切です。突拍子もないようなことを日頃から考えてみましょう。バカみたいと思うようなとんでもないことを想像してみましょう。毎日やっていると自然にそういう発想ができるようになります。大人の我々が子どもと関わる時、これまで意識せずに上がって来た上りのエスカレーターを自力で降りなければならないのです。

子どもの言動の奥にあるものを捉えることが大切です。

缶ジュースはどんな形に見えるだろう？

丸の形ね

長方形だわ

Red Cider

上から見た人は○
横から見た人は□
→全体像は捉えられない

わからない子どもの「今」を想像力で補う

あっ！

壁に
落書き
してる

でもこれって
もしかして

ハム助が
一人で
寂しいと
思った
のかも

日頃から突拍子もないことを考えて
子どもの世界に近づきましょう

経験
経験
経験
経験
経験
経験

それは
上りのエスカレーターを
駆け下りるようなイメージ

経験やプライドは過去の産物、子どもと「今」を共有しましょう

Point

● 経験やプライドで固まった頭を柔らかくして子どもの世界に入りましょう。

3-12 大人は常に子どもに見抜かれている ～大人の価値観・子どもの価値観

■ 価値意識の育ち

価値意識の育ち始めは「先生に叱られるからダメ」「先生はダメって言ってた」など大人の評価が自分の評価基準になり、その後「やってはいけないことだからダメ」「迷惑がかかるからダメ」など自己による評価基準ができていきます。大人と子どもの評価基準は幼児期から異なることもあり思春期や青年期になるとしばしば対立し反抗的になることもあります。

■ 大人は常に子どもに 見抜かれている

子どもの育ちとは子どもの主体的な学びです。手伝いや片付け、当番活動ができたなど大人の期待に答えてがんばることも大切ですが、大人の都合に合う子どもに育てるのが良いのではありません。助けられながらも子どもが自分で学んだというプロセスが大切です。

できるようになったという結果だけではなく、子どもにとっての行動の意味や関心に重点をおくべきです。最も厳しい評価者は子どもであり教師や保育士をプロにしてくれるのも子どもです。**子どもは自分を愛してくれる大人かど**うか、認めて成長させてくれる大人かどうか、信頼するに足る大人かどうかを見抜きます。大人は常に子どもに見抜かれている存在だと思ってください。知識や教養、技術も大切ですが、子どもの内面を受け止める感性を獲得することによって子どもに信頼してもらえる大人に成長しましょう。

■ 押しつけられる仕事に 振り回されるな

子どもや自分を評価しなさいという風潮が長らく続き、世知辛い世の中になってしまいました。「私の評価者はあなた方ではなく子どもと保護者です」というプライドをもちましょう。時間は限られているので、子どもに直接関わる楽しい仕事を大切にしましょう。与えられた仕事や活動は取捨選択しながらどういう自分になりたいのか、どうやったらもっと高まるのか自分で考え行動しましょう。押しつけられる仕事を適当に受け流すこともあれば、しなくても良いプラスαの自己研修に打ち込むこともあるでしょう。そのためにはプライドを捨てる勇気が必要です。大人も子どももすべての評価は、笑顔で毎日通うのが楽しいかどうかです。

子どもは自分を認めて成長させてくれる大人かどうか
信頼するに足る大人かどうかを見抜きます。

大人は常に子どもに見抜かれている

A先生は本当は
僕と遊びたくないんだな
B先生は本当に一緒に
楽しんでくれているんだ

大人は仕事で
忙しいの！

今日も子ども達を楽しませちゃうぜ！

時間は有限
子どもと直接関わる時間を大切にしましょう

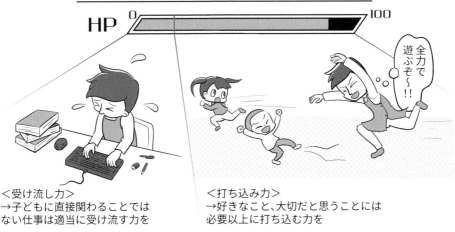

HP 0 ─────────── 100

全力で
遊ぶぞ〜!!

＜受け流し力＞
→子どもに直接関わることでは
ない仕事は適当に受け流す力を

＜打ち込み力＞
→好きなこと、大切だと思うことには
必要以上に打ち込む力を

Point

● 真の評価者は上司ではなく子どもや保護者です。笑顔で毎日通うの
が楽しいかどうかが大切です。

3-13 新人かベテランかは関係ない
～子どもにとっては自分にどう接してくれるのかがすべて

■ 自分にどう接してくれるかが すべて

　Aさんという子どもをある先生は「～な子」と言い、別の先生は「…な子」というかもしれません。先生との関係性によって見せる側面が異なるからです。先生の子どもを捉える深さによって言い方も異なるでしょう。「実態」とは関わる相手や活動内容、体調などによって常に変わります。教師や保育士は子どもの育ちや学習を仲立ちする存在として少なからぬ影響を与えます。先生の知識や技術、経験、人間性がどのようなものかは先生の事情であって、子どもにとってはどう自分に接してくれるかがすべてです。新人かベテランかは関係ありません。

■ 褒められるために育つのではない

　がんばったらできるようになり喜んでもらえた、褒められて嬉しくなりやる気が出た等々、褒めることは叱るよりも良いことが沢山あります。しかし、子どもは褒められるために育つのではありません。大人にとって都合の良い視点からだけ子どもを見ると見落とすことがありま

す。大人は将来に向けて必要なことを教えたがりますが、「今」が子どもにとってどんな時間なのか想像することが大切なのです。怒られてばかりいる子は、怒られるようなことばかりする子どもの「今」なのです。

　大人の言うことを素直に聞いていた子どもが思春期にさしかかる頃、それまでの自分を壊して新しい自分をつくる準備をするようになります。子どもの発達は思うようにいかない時もありますが次の段階への準備です。子どもが生き生きしていないと大人も気持ちが揺らぎますが、良い伴走者がいれば必ず乗り越えられます。「こうしなければ」と思い込む必要はありません。わからなくても良いのです。「決めつけないで『わからないこと』を『わからない』として未決のまま保存しておくことができれば、それは、きっと人生を面白く愉しくしてくれるはずです。」（北樹出版『愉しく生きる技法』藤本一司著）。教育や保育の現場も同じだと思います。

　子どもを評価できる大人はいませんが、その子の歴史を知っている大人は本人の変化を感じることができるでしょう。

大人は将来に向けて必要だと思うことを教えようとしますが、
それが子どもにとって本当に良いことなのかどうか省みましょう。

その子との関係性によって捉える印象が変わる

実態とは、体調や関わる相手、活動内容などによって常に変わります

子どもの本当の内面はわかりませんが、
その上でわかろうとすることが大切。
わからないことが保育や教育を愉しくするエッセンス。

Point

● 素直に言うことを聞くのが良い子ではありません。どんな子どもも良い伴
走者がいれば必ず乗り越えられます。

3-14 辛い時には時間が味方になってくれる 〜その場から離れる・他人に頼る

■ 子どもと自分のための危機管理

保育や教育の場面で自分の力ではどうにもならない、万事休すという場面に出くわしたらどうしますか。状況によって異なりますが大きくは以下の二つに気をつけましょう。

① 子どもの安全確保
② 自分の安全確保

■ 一緒にいるが何もしない

人を叩いたり物を投げたりする場合は安全確保のため阻止します。必ずそうなる理由があるので追い込まないよう対応に気をつけましょう。度々ある場合は保護者の了解もとっておきましょう。危なくない場合は近くで見守るのがベストです。何かしようとしても手立てが無いのであれば何もしないことです。中途半端に「何とかしなければ」と思って深みにはまらないようにしましょう。安全確保しているだけで十分なのです。こういう時は時間が見方になってくれます。

■ その場から離れる

子どもを一人にすることはできないので、誰かに応援を頼むことになります。優れた先生ほど他人の力を借りるのが上手です。頼みやすい先生とそうでない先生がいるとは思いますが遠慮せずに頼みましょう。日頃から「そういう時には連絡してね、私もするから。」などと話をしておきましょう。

■ 動きのある子の場合

子どもは追いかけられると逃げたくなります。逃げる理由はかまってもらいたい、他に気になることがある、今やっていることがわからない、面白くない等です。現在の活動や接し方の見直しの他、一人用テントや段ボールの空間など落ち着く場所をつくっておきます。どうしても逃げたくなったら「外出許可証」を持って行き場所の写真（テント、段ボール部屋、その他など）を指さしてから行くようにします。担任でない先生あての手紙を持たせて郵便屋さんになってもらう遊びも良いでしょう。手紙の内容は「かまってください」です。後はその先生にお任せして遊び終わったら担任の先生宛の手紙を渡してもらい教室に戻ってきます。予め園長先生や担任でない先生にお願いして手紙も用意しておきましょう。

優れた人ほど他人の力を借りるのが上手です。

逃げ出す子の対処法例

①活動内容や支援方法の見直し

②一人用テントや段ボールの空間など逃げた時に行く好きな場所
　（落ち着く場所）を用意しておく

③『郵便屋さんごっこ』
　子どもは郵便屋さんになって、手紙（構ってくださいと記載）を持って園長先生など
　担任以外の先生に届けます。遊び終わったら担任の先生宛の手紙を渡してもらい教室に
　戻ってきます。

↪ 優れた先生ほど他人の力を借りるのが上手だったりします

Point

● 手立てが無い時は中途半端に「何とかしよう」と考えず安全確保だけ
　で十分です。

3-15 上手くいかない時だってある
～支援のリセット・自分のリセット

■ 支援のリセット

もう一度支援の在り方をチェックしてみましょう。

○触覚防衛や特性に配慮し共感できているか、がんばらせすぎていないか
○自分だけでない別の視点から子どもの「今」を見ようとしているか
○行動前後の環境や対応が行動を誘発していないか、ご褒美があるか
○視覚支援などわかる工夫、動線や座席、ついたてなどの環境は適切か
○自由時間にすることがあるか
○短く具体的な指示か、活動が難しくないか、守らせることができるルールか、得意なことが生かせているか
○体調は悪くないか、保護者との情報共有はできているか
○子どもの状態が良くないのを家庭のせいにしていないか
○課題や環境が合っているか、課題が難しくないか

困った行動が何故起きるのか MAS をやっても ABA をやってもわからないことがあります。体調が悪い可能性もあります。保護者や他の先生方と話して解決の糸口を見つけましょう。場面という視点で見直すため一日の流れを表にして、どこで問題行動が起きるのかチェックしてみる方法も試してみましょう。

■ 自分のリセット

以下の項目ができていなくても大丈夫です。人間そんなに簡単に変われません。自分を変えようなどと思わなくても良いのです。今まで生きてきた、それだけでこれからもやっていけます。作り笑いも本物になります。笑って受け流しましょう。

○心から話せる同僚や仕事以外の相談相手がいるか
○ギリギリまでがんばり「休んではいけない」と思い込んでいないか
○保護者の苦しさを理解しているか、寄り添う覚悟はあるか、説明不足ではないか、誠意をみせているか
○真面目すぎ・すべての仕事に対して手を抜かずにやろうとしていないか
○批判に弱くないか、自分の性格を把握しているか
○心や身体の気分転換をしているか（テレビやマンガ、趣味、友人と話す、温泉や旅行、帰省、心から笑える場面、はめを外す……）

子どもの状態が良くないと保護者との関係も崩れがち。疲れている自分の心と身体を癒しましょう。ギリギリまで頑張らずに休めば良いのです。投げ出す勇気、サボる勇気も時には必要です。明日も同じ日常を送るのが辛い、と感じたら違う居場所を探してみるのもひとつの方法です。

自分を変えようと思わなくても大丈夫。作り笑いも本物になります。笑って受け流しましょう。

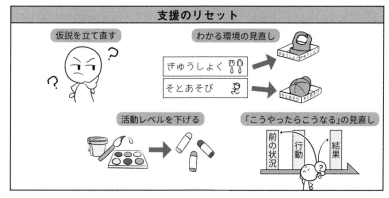

支援のリセット

仮説を立て直す

わかる環境の見直し

きゅうしょく

そとあそび

活動レベルを下げる

「こうやったらこうなる」の見直し

前の状況　行動　結果

自分のリセット

気分転換できるもの

ぎりぎりまでがんばらずに休む

明日でいっか

目の前の世界だけがすべてではない
いろいろな集団に所属する

作り笑いも本物になる

アハハ…

Point

● サボる勇気も時には必要です。ギリギリまでがんばらず余力を残して一日を終わりましょう。

コラム 3

大きな視点

　詩人で小説家、批評家の松浦寿輝氏は「月の光」（中公文庫）の中で以下のように記しています。「子どもがわあわあ、わあわあ泣いていたら、放っておいてやりなさい。この世に生を享けてあることのよるべない悲嘆を、虚空に向かってあてどなくぶつけることの爽快な解放感。それを心ゆくまで堪能させてやりなさい。そんなに何時間も何日も、わあわあ、わあわあ泣きつづけられるほどの体力や精神力を持った子どもなんぞいやしない。疲れ果てた子どもはほとんど泣きやんで、ひっくひっくとしゃくり上げるだけになるだろう。そうしたら、子どもの背中にそっと手を置いて、きみは独りぼっちじゃないんだよと、言葉でではなく（なぜなら言葉というのは思いがけないほどしばしば他者を傷つけるものだから）、そのてのひらの感触で教えてやるのだ。そして、そのてのひらで、何か小さな楽しみへ向けて子どもの背中を押してやる。この世に生を享けたことのよるべない悲嘆を十分以上に償ってくれる、喜びや興奮や幸福が世界には溢れているんだよと無言で教えてやるのだ。一緒に出かけていってそれを楽しもうじゃないかとそっと誘ってやるのだ。」

　同書の中ではブルーという素敵な猫のセリフとして次のように記しています。

「この世界は、人間たちなんかが考えているよりずっと豊かで、ずっと大きい。ずっと怖くて、ずっと楽しい。ずっと残酷で、ずっと美しくて、ずっと馬鹿々々しくて、ずっとわけがわからない。」

　想像力って大切ですね。大きな視点で、できるだけ遠くから子どもや自然を見据えたいものです。

第4章

大人の問題が子どもに反映される

子どもを幸せにする保育
～生きる力の基をつくる

■ 可愛がられているから 可愛い子になる

　人格の基本的なところは幼稚園や保育園の時期に育つと言われるほど大切な時期です。信頼できる人とつながっている、大切にされている実感をもつことで人や自分を信頼し、生きる力の基がつくられます。人の嫌がることをわざとする子は「こんなことをしても私を認めて可愛がることができる？」と言っているのです。可愛い子は愛されているから可愛いのです。人を信頼しているから可愛いのです。子どもと一緒にいる時間を大切にしましょう。大人だって疲れていることもあるでしょうがトータルで子どもが良いイメージを持てればそれで大丈夫です。一緒にいる時間を大切にしようという気持ちは子どもにも伝わり、認めてもらっていると感じることができるのです。

■ みんなと同じ保育・ 子どもに応じた保育

　集団から外れがちで失敗をくり返す子は画一的な保育ではなかなか上手くいきません。先生の接し方を見て他の子ども達はかかわり方を学びます。周囲の子どもから「～ちゃんはいつもみんなと同じことができない」と思われるのは「他のみんな」を中心にした保育をしているからです。保育形態の一長一短を子どもに合わせて取り入れましょう。**生きづらさを抱える子に合わせた保育は他の子にとっても優しい保育になり、結果としてみんなを大切にする保育になるでしょう。**外れがちな子も友達や先生とのかかわりの中で支えられ、共に学び、共に育ちます。多少の生きづらさはみんな抱えています。大人や友達の理解や共感、手助けが必要なのはどんな子どもも一緒です。子どもも先生も目一杯がんばるのではなく、余裕を残して一日が終わるような日々の中で成長してほしいものです。

○「みんなと同じ保育」

・集団の力でがんばれることがある。

・みんなと同じことができなかった自分を意識しがち。

　→自尊心が育ちにくいため自律もできにくいという悪循環に陥る危険。

○「子どもに応じた保育」

・できる自分を意識する場面が増え自尊心を育むチャンスが多い。

・他の子にとっても余裕がもてる。

愛されているから人を信頼できる。愛情を確認しようとする
子どもの気持ちに想いをはせましょう。

可愛い子になるのは○○だから

愛されているから！→人を信頼することができる

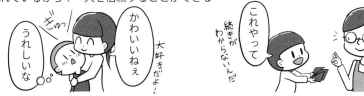

うれしいな
"ぎゅっ"
かわいいねぇ
大好きだよ！

これやって続きがわからないんだ
いいよ！

人の嫌がることをする子は○○だから

自分が認められていないから！→愛情を確認しようとする

確認
不信
不安
疑心

こんなことをしても私を認めて可愛がることができるかしら？

痛いからやめて！
"グイッ"

生きづらさを抱える子との関り方は周囲の子へも影響を与える

Aくんはいつもみんなと同じことができないなぁ

紙にお絵描きしてお家に持って帰ろうよ！

そう言えばいいのか

「みんなと同じ保育」が中心になっていると、このように感じる

先生の関わり方を見て学んでいる

Point

● 生きづらさを抱える子に合わせた保育は他の子にとっても優しい保育になります。

■ 親は子どもに育てられる

　親がいなければ生きられない弱い存在の子どもが親を育てます。親は始めから親ではなく子育てをする中で子どもによって親になります。保育や教育も同じで、お互いの関係性の中で共に育ちます。生きづらさを抱える子は自分で育つ力が弱いため親子関係も上手くいかずお互いが疲れてしまいがちです。誰だって褒めてほしい、わかってほしい。子どもも保護者も先生も同じです。必要なのは認められることです。

■ 先生である前に人として味方になる

　「先生」とはあなたの一面であるのと同様に「保護者」もその人の一面にすぎません。だからいろいろな保護者がいて良いのです。どんな生物も子どものためなら獰猛になるのが親です。子どもに不利益が生じると思えば牙をむくのは当然です。**子どものことを最も考え影響を与えるのが親なので、親の幸せを考えずに子どもの幸せは考えられません。**先生にできることは子どもが生き生きと楽しく過ごせるようにすること、保護者に「私はあなたの味方です」というメッセージを伝えることです。

■ 本当の悩みは人に言わない
■ 傷ついている人ほど本音を隠す

　保護者と先生が話をする時にお互いが本音をぶつけることは滅多にありません。傷ついている人ほど本音を隠すものです。本当の悩みは人には言いませんし、相談した時点で自分の中で悩みは解決されています。悩みを言葉にできない傷ついた保護者はバリアを張っていて当然なのです。この先生は信頼できるかできないか洞察しているのです。先生がまず自分を開示し本音で話すことによって相手も「この人には本音で話して良いんだ」と思えるようになります。自分から丸裸になる勇気がなければ相手と本音の会話はできないでしょう。自分がどんな人間か子どもとの接し方を通して伝えれば、後は保護者が信頼できる先生かどうか判断するでしょう。お笑いのセンスがあれば強力な援軍になります。誠実さに基づいたサービス精神を忘れずに会話を楽しい時間にすることが先生に求められます。保護者と対峙する時、背景にあるのは煎じ詰めると人間性です。自分の良いところを省みて伸ばすようにしましょう。

私はあなたの母になったばかり
あなたは私の子になったばかり
私はあなたの寝顔を見ています

あなたの命が短いかもしれないことを
あなたが普通の子として育たないかもしれないことを
だれかが私に告げていきました

いつ、どこで、だれが、
どんなふうにそのことを私に告げたのか
つい今しがたのことのようでもあり
遠い昔のことのようでもあり
鮮明に脳裏に焼きついているようでもあり
混濁した記憶の淵に沈みかけているようでもあり
とにかくそんなふうなのです

人は悲しいから泣くのではなく
泣くから悲しくなるのだと言った哲学者がいたそうです
それならば
渾身の力をふりしぼって涙をこらえてみましょうか
それとも
全身全霊をかたむけて悲しんでみましょうか
それとも、それとも
思いきり笑ってみましょうか

世界中にあなたと私と二人きりでとり残されたような
私が産んだ子なのに私の子でないような
どちらの表現もありきたりですね
でも、どちらも私そのものです

私はあなたの母になったばかり
あなたは私の子になったばかり
私はあなたの寝顔を見ています

だれよりも強い母になれと
だれよりも弱々しく見えるあなたが
だれよりも力強く
私に向かって語りかけています

だれよりも賢い母になれと
だれよりもはかなげに見えるあなたが
だれよりもきびしく
私に向かって言い放つのです

あなたが
弱々しくはかなげなその命を
それでもなお生きようとしているのなら
その命に
私はせめて寄り添ってみましょうか
あなたが自由にその命を生きられるように
少しは助けることができるかもしれない

次の瞬間には
あなたの首を絞めてしまうかもかもしれない
あなたを床に叩きつけてしまうかもしれない
そんな私の胸に抱かれて
寝息をたてているあなたの
期待に添えるかどうか甚だ自信はないけれど
とにかくそう思うのです

せめて私を見て笑うようになってくれたら
そんな素朴な願いの傲慢さを
あなたのかすかな寝息が語っています
命の質を問うてはならぬ
命の質を問うてはならないと

あたなが私を見て笑うようになっても、ならなくても
あなたが生きようとしている命の重みは
変わらない
変わってはいけない

私はあなたの母になったばかり
あなたは私の子になったばかり
私はあなたの寝顔を見ています

（ぶどう社刊「今どき、しょうがいじの母親物語」所収、玉井真理子さんの詩）

　このような想いを乗り越えて保護者は、今、目の前にいます。

Point

● 自分から丸裸になる勇気がなければ相手と本音の会話はできないでしょう。

4-3 助けを求める保護者 〜4つのサポート形態

■ 今日より明日に希望がもてれば良い

　保護者は傷つき、疲れています。学校や園や行政に対して不満を持たれている場合もあります。保育や教育、組織の向上を目指すのなら現状に満足せず前進しようとするのは当然です。子どもを取り巻くさまざまな事柄に対して「何とかして欲しい」というサインとしての不満かもしれません。親子関係が上手くいっていない場合は他の人との関係を上手く保つもの大変な労力が必要になります。本来、親は子どもの欲求を満足させてあげる存在です。お母さんが子どもの欲求を受け入れられないのは、お母さんの欲求が周囲に受け入れられていないからです。愚痴や世間話など何でも話せる人がいると気持ちが和らぎますね。同じ生活者として保護者の「今」に共感し誠実に向き合える人でありたいものです。

■ 4種類のサポート形態

　子どものトラブルは「助けて」の合図、成長のチャンスととらえましょう。例えば、こんなことをやってみてください。園で実践してみて保護者に提案するのも良いでしょう。

・毎日良いところを褒める

・子どもを膝に抱っこして絵本を読んであげる

・お風呂で背中の流しっこや遊びをする

・一緒に何か作って食べる

・叱るのを止める

　毎日どれか1つ（それ以上でもOK）やってみましょう！　何かが変わるはずです。その他、サポートには以下の4つの形態があると言われます。

①情緒的サポート：声かけ、励まし、慰める、見守る…②情報的サポート：情報の提供、アドバイス、示唆…③評価的サポート：評価（肯定、意見、基準との比較…）④道具的サポート：物品、労力、時間、環境調整…

（石隈利紀・田村節子「チーム援助入門」図書文化より）

　学校園以外にもペアレントメンターという保護者の相談員や養成講座もあります。各都道府県の発達障害者支援センターや自閉症協会などに問い合わせてみてください。教育センターや特別支援学校の相談窓口なども利用できます。

○先生が保護者にできること

・一生懸命に誠実に子どもと接する

・具体的な事実や見通しなど魂のこもった支援

・選択肢が広がるような情報提供ができる知識を持つ

・園や学校で上手くいっていることを伝える

・いい加減なことや抽象的な励ましを言わない

子どもの欲求を受け入れられないのは、
自分の欲求が受け入れられていないからです。

サポートの形態（同僚や先生と保護者など）

情緒的サポート

声掛け、
励まし、
慰める、
見守る …

情報的サポート

情報の提供、
アドバイス、
示唆 …

評価的サポート

評価
(肯定、意見、
基準との比較 …)

道具的サポート

物品、
労力、
時間、
環境調整 …

石隈利紀・田村節子「チーム援助入門」図書文化より

1日ひとつ実践してみましょう！

・毎日良いところを褒める
・子どもを膝に抱っこして絵本を読んであげる
・お風呂で背中の流しっこや遊びをする
・一緒に何かを作って食べる
・叱るのを止める

Point

● 同じ生活者として保護者の「今」に共感し、誠実に向き合える人でありたいものです。

4-4 先生を成長させる保護者 〜闘う勇気を持つ優しいヒーロー

■あきらめないで闘う保護者

　世の中は「このままではいけない」と思う人と「このままで良い」と思う人に分かれます。「保護者と先生」と言うのは立場上の違いに過ぎません。「このままではいけない」と思う人々が世の中を進歩させてきました。園や学校、背景にある保育や教育行政に不満を持つ保護者の中には前進させる原動力になるような人がいます。これらの保護者に共通するのは、あきらめずに闘う姿勢です。先生は保育行政の下で子ども達の保育にあたっていますが、立場を優先する前に保護者の話す内容に真摯に向き合ってみてください。共感するのであれば先生の立場からできることをするべきです。保護者も先生も行政も目的は同じ「子どもの健やかな成長」であることを忘れずに話し合いを続けましょう。ポイントは「自分の立場ではなく子ども優先」という視点です。

■優しくて長所や才能を見つけるのが上手

　子どもをどう育てるかということよりも自分がどう生きるかにばかり意識が向く社会になっ

ています。人と人とが本音で語らず怒りをネットで晴らし炎上するような社会は辛いですね。孤独な人は自己中心的になりがちで周囲の人を自分の望むように操作しようとします。自律している人ほど多くの人と関係性をもち「お互いさま」と考えることができる優しさをもっています。現在の社会で生きづらさを抱える子どもと良い関係を保ちながら子育てをするのは大変なことです。そんな中でもポジティブに行動する保護者も沢山います。**優れた保護者や先生は、子どもに限らず人の長所や才能を見つけるのが上手です。**素敵だと思う気持ちやすばらしいと感じ取る気持ちが優れているのでしょう。ある保護者が講演会で「『我が子が障がい児でない人間に何がわかるか』という言葉に逃げ込むな」と言われたことがあります。いろいろあったけれど、こうしてみよう、こうやってみようという気力をもち続けた保護者なんだと言うことが伝わってくる方でした。その方も行政と闘って来られた方なのですが共感するのが上手で優しい方でした。「優れる」という漢字は「優しい」と同じ「優」という字を使います。辛いことや厳しい状況を経験したからこそ優しくなれたのでしょう。優しい人は優れているのかも知れません。

世の中は「このままではいけない」と思う人と
「このままで良い」と思う人に分かれますが、目的は同じです。

目的はみんな同じ

保護者　　　　　先生　　　　　行政

子どもの健やかな成長

point 「自分の立場ではなく子ども」という視点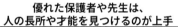

保護者と先生は
立場上の違いに過ぎません

優れた保護者や先生は、
人の長所や才能を見つけるのが上手

このままじゃいけない
なんとかしなきゃ！

今日は自分で
結んできたの？
凄いね！！

保護者　　　　先生

Point

● 孤独な人は自己中心的になりがちです。多くの人と関係性を持ち「お互いさま」と考えることができる優しさをもちましょう。

4-5 自分への問いかけが成長や修正の原動力となる

■ 自分を省みることで修正できる

かつてはあなたも子どもでした。どんな子ども時代だったのでしょうか？なぜ保育園や幼稚園の先生になろうと思ったのでしょうか？優しくされた子どもは人に優しくできると言いました。それはあなたも同じです。**大人が子どもを幸せにするには自分が幸せであることが大前提です。**カッとなることはありませんか。自己コントロールは効いていますか。叱るのと怒るのは違います。怒ってしまうのは子どものせいにしているからです。怒られるほど心は荒れます。あなたは子どもの心を荒らしていませんか。自分が愛され認められていないと子どもを愛し認めることはできません。今の自分は親の影響のみならず親の育った環境を含めて3世代前からの影響下にあります。自分自身の生い立ちに想いをはせ省みて、子どもに伝えてはいけない点を意識することで修正が可能です。育ちの環境に悪循環があるとしてもメタ認知により断ち切ることは可能なのです。

■ 保護者の前でできないような指導はやってはいけません

18世紀の思想家ルソーは子どもはみんな良い心をもっており社会からの悪影響が及ばないように気を配るべきだと考えましたが、当時は大人がしつけることによって子どもはまともな人間になる、と考えられていました。21世紀の現在でも「教えなければいけない」と考える先生は沢山います。「いけないことは教える」のは良いのですが、受け入れられ愛された思いや自尊心が育っていないと、幾ら教えても上滑りするのです（1章2「母性的なものがあるから父性的な学びが実る」）。結果として恐い先生の前でだけ言うことを聞く子になります。自分の力で考え行動するのではなく恐怖に支配されて行動することを学ぶからです。

その一方で優しい先生には爪を立てるのはストレスが溜まっていることを示します。「きちんとさせよう」とせずにはいられない自分、そう言わずにはいられない自分を省みる必要があります。車椅子や白杖などの「障がい」児にはしないようなことを発達「障がい」などの子どもにはしている可能性があります。配慮点が見た目でわかりにくい子ども達は身近な大人から理不尽な扱いを受けている可能性があります。これが生きづらさを抱える子ども達の悲劇であり修正を二重に難しくさせています。未来の姿を基準として保育や教育を考え、そこに子どもをはめ込むことが大切だと考える先生がいると

したら、それは誤りです。子どもの未来は一人一人が自分のペースで切りひらいていくもので

す。今を精一杯生きること、関わりの中で喜びや楽しみが沢山ある毎日が大切なのです。

子どもを幸せにするには自分が幸せであることが大切です。

自分自身を省みる

この子のせいだ！

意識の海

怒られるほど子どもの心は荒れてしまいます。

大人が子どもを幸せにするには
自分が幸せであることが大前提。
自分が愛され認められていないと
子どもを愛し認めることはできません。

↳ 生い立ちから自分を省みて
　意識することで修正が可能

保護者の前でできないような指導をしてはいけません

「きちんとさせよう」と思いすぎていませんか？

そんな時は自分を省みましょう

Point

● 今の自分は親の育った環境を含め3世代前からの影響下にあります。
育ちの環境に悪循環があるとしてもメタ認知により修正は可能です。

4-6 同僚との関係が疲れる先生へ
～生物界に多種多様な生き物が共存する理由

■ 同僚との関係が疲れる先生へ

大学を辞めて歌手になりたいと親に話したら反対されるように、自分が何かしようと思った時、すぐ近くにいる人が最初の壁になります。先生達も考え方がみんな異なるので意見が違うのは当然です。生物界には同じようなたくさんの生き物が生息しています。例えば川ならアユ、カワムツ、オイカワ、ムギツク……ある特定の種に病原菌が蔓延した場合、1種類だけだとその魚を補食する他の生物も食べる物が無くなり絶滅の危険にさらされます。こういう危険を回避するために多様な生物が共存していると言われます。先生も同じです。**多様な先生のいる集団は豊かで強い集団です。**中には人付き合いが苦手な先生もいるし、きつい言い方をする先生もいるでしょう。生きづらさを抱えながら生きている先生も沢山います。その人なりに生きて毎日を過ごす、楽しければもっと良いですね。お互いの違いを認め合える寛容さがポイントです。傷ついた自分、傷つけてしまう自分、憎む自分、妬む自分、比較する自分、情けない自分、元気のない自分、失敗ばかりの自分、全てを肯定して生きましょう。自信をもって、今のままの自分で良いのです。誠実さと子どもへの敬意さえあれば周囲から「あの先生、何してんの？」と思われても何とも思わなくて良いのです。

■ こうあるべき、という危うさ

人は信じたいものを信じます。「こうあるべき」という信念をもっているとしたら一度疑ってみる必要があるでしょう。療育や保育、教育にばかり偏重している自分のアンテナに注意しましょう。「生きづらさを抱える子」とひとくくりに言っても、いろいろな子がいます。個々に必要な栄養は異なるので、どの子にどんな栄養が必要なのか判断するためには、いろいろな栄養素を知っている必要があります。さらに、優れた勘と多くのレシピがあればベストです。叱るのが良いのか悪いのかということではなく、その子と繋がっている実感が大切なのです。**新人、ベテランに関係なく「私ってだめだなあ」という力量不足を実感するところからすべては始まります。**子どもと先生が共に学ぶ姿勢がないと「できた・できない」しか見えないでしょう。子どもが笑えば自分も笑い、子どもが泣けば自分も泣く、子どもが黙れば優しく待ちましょう。言葉の出ない子どもの気持になりたければ、1週間、何も話さないことです。心を重たく縛ってしまう「こうあるべき」という信念は一端捨てて身軽に子どもと向き合いましょう。

> 人は信じたいものを信じます。何かしようと思った時、
> すぐ近くにいる人が最初の壁になります。

多様な人がいる集団は豊かで強い

いろいろな考え方を知って認め、自分の意見を修正しながら
「自分はこう思う」ということを全体に広げ動かしていきましょう。

そのためには・・・

・現場を動かす言葉
・異なる意見を受け入れる寛容さ
・関わる力
（ユーモアと思いやり、
プライドを捨てる勇気、
ワーキングメモリー）

が必要！

われわれは経験というエスカレーターに乗ってしまっている

人は信じたいものを
信じます

その子と繋がっている
実感が大切

「こうあるべき」は捨てて
身軽に向きあえるといいですね

子どもと先生が
共に学ぶ姿勢がないと
「できた・できない」しか
見えなくなります

Point

● その子と繋がっている実感が大切です。「こうあるべき」という信念は捨てて身軽に子どもと向き合いましょう。

4-7 人は解決できることのみを問題にする ～問題に取り組む姿勢が解決の質を決める

■2つの必然の狭間で生きる

「時間はどうやったら止まるのだろう」とは考えないでしょう。人が問題にできるのは解決可能なことに限られます。困っていることがあってもそれは解決のスタートラインに立っているからです。解決できないと思われる事柄ですら必ず時間が解決してくれます。そして、問題に取り組む姿勢が解決の質を決めます。人は幸せのために生まれてきました。幸せを味わい、幸せを人に与えるために生きています。保育や教育は生きるということの延長線上にあり、その根底にはたった一つだけ疑いようのない明確な事実があります。私もあなたも子ども達もみんな限りある命である、ということです。そこから目を逸らさずに本気で保育や教育の在り方を見直すと何かが変わるでしょう。生きている限り成長し同じ状態でいることはありません。人は命尽きるまでが発達です。人はいつか死ぬと思っていますが明日死ぬとは思っていません。明日死ぬとしたら今何をするでしょう？子どもが見えるという背景には大人自身の生き方が関わってくるのです。我々は人生が自力ではどうにもならない必然によって始まり、終わることを知っています。この2つの必然の狭間で精一杯生きるしかないことも知っています。

生きづらさを抱える子は我々に「人間とは何か、あなたはどういう生き方をしますか」と言う重い問いかけをしています。

■やっているから失敗もある

子どものために何かをしている自分が子どもに助けられ、人生を豊かにしてもらっていると感じることがあるでしょう。子どもに何かをしているように見えて実は子どもから見えないものを沢山もらっているのです。同時に、**子どものためにしていることが本当に子どものためになっているかどうかを決めるのは子ども自身です**。登山家の栗城史多氏は「成功の反対は失敗ではなくて、何もしないこと」と言っています。子どものために何かを前向きにやっているから失敗もあるのです。自分なりのやり方で誠実さと良心を武器に「生きづらさを抱える子ども達」という深い森に分け入ってください。折れてしまわないよう、しなやかにあきらめずに、無理せずに、疲れたら休みましょう。生きるのはあなた、決めるのはあなた、人生の舵（かじ）をとるのはあなたです。そんな時、優しく認め励ましてくれる伴走者の存在が心強いように、子どもにとってのあなたがそういう存在になれば良いですね。

人生は自力ではどうにもならない必然によって始まり、終わります。
保育や教育も生きるということの延長線上にあります。

やっているからこそ失敗もある

成功の反対は失敗ではなくて、
何もしないこと

「生きづらさを抱える子ども達」という深い森に入っても、
無理は厳禁。疲れたら休みましょう。

身近な大人がどのような人生観をもって生きているかということは
子どもに大きな影響を与えます

- 子どもから目に見えない豊かなものを沢山もらっています。そして「あなたはどういう生き方をしますか」と問われているのです。

子どもを幸せにする・保護者を幸せにする・あなたを幸せにする そういう保育や教育を！

子どもにとっての大人は自分にどう接してくれるかがすべて
優しくされた愛されたという思いが人生を支える
あなたの持ち前を生かして、あなたらしく、あなたなりに
人権を大切に！　とことん可愛がりましょう

今のあなたは、多かれ少なかれそうなりたかった自分のはず。
今の意識が未来のあなたを決めます。大丈夫、あなたはできる！

コラム 4

自分なりの世界を楽しむ

　もしも戻れるとしたらいつ頃の自分に戻りたいですか？　と聞かれたら多くの人は「子どもの頃」や「思春期の頃」と答えるのではないでしょうか。その頃には「生きる」ということの本質的なヒントがあるのかもしれません。子どもにとって未来を準備するのが大人の役目とも言えるでしょう。

　人は人からうらやましがられるものを得ようとします。財産や地位、名誉……それを支えるのはお金や権力です。人間の最大の弱点は「所有」という概念を持ったことです。大人になると本当に必要ではない欲望の呪縛に絡め取られます。

　私は初めて「障がい」のある子どもに接した時、「神様を見た」と思いました。どうしてそう思ったのかわかりません。後年「荘子と遊ぶ」（玄侑宗久著、筑摩書房）という本の中で「知そのものが慢性の障害なわけで、だからこの子は障害を免れた完全な命やで」という記述がありました。そうなのかもしれないと思います。

　ユクスキュルという生物学者はどんな生物もその生物なりの感覚器官で世界を認識して生きている、その能力が異なれば異なる世界を生きることになる、と考えました。生き物の数だけ世界があり、それぞれの世界を環世界と呼びました。同じように個々の人間にも環世界があるのだろうと思います。「障がい」のある子の中にもそれぞれの環世界が、われわれ大人にもそれぞれの環世界があるのでしょう。かつてわれわれ大人も知っていたとても大切な何か。「〜のため」ではなく、今を精一杯楽しんで生きることを目前の子ども達が教えてくれます。

あとがきにかえて

　これまでにたくさんの子ども達に出会いました。相手の言うことがわからずにパニックになる子、好きすぎる物に取り込まれてしまう子、思っていたことと違って当たり散らす子、川を見ると飛び込んでしまう子、好きなように行動する子等々。みんな自分の思いを何とか伝えようと必死でした。上手く伝えることができずに噛みつく子、ひっかく子、泣き叫ぶ子、罵詈雑言を浴びせる子等々。それぞれの子らしさを味わうことはできましたが、わからないことばかりの私は子どもに接する時の基本姿勢として、まず発達や佐々木正美先生の教えを学びました。そして構造化、応用行動分析、感覚統合などの勉強に明け暮れ実践を重ねました。それでもやっぱりわからないことばかりです。

　54歳の時に高等部1年生の訪問教育の担任になりました。「訪問教育やってみたいな」と家で妻に話していたら次の日に校長から「訪問やってみない？」と言われたのでびっくりしました。週3回で1回が2時間の授業は本人の他に同じ疾患のお姉ちゃん、お母さん、お婆ちゃん、訪問看護師などの方々と一緒です。この時間は心から笑える楽しいひとときとなりました。毎回、何かのかぶり物を付けて授業に行き、教材創りにも熱が入りました。しかし、授業に不安のある私はお母さんに「こんな授業で良いですか？」と聞きました。すると「良いですよ」と言ってくれます。3年間担任させていただき本当に楽しい思い出が沢山できました。本人はもちろん家族や関係する人々によって私自身が幸せになれたのです。その時、私の心の奥の方で私らしさを押さえつけていた何かが外れたように思いました。「もう、良いかな。」そう思ったのです。呪縛から解放されたように私は生きるのがとても楽になりました。自分を抑えずに出し切れる自分になったように思います。恐いものがなくなったと言っても良いかも知れません。私は自称「河童先生」（本書の「Point」欄の顔が河童である通り

です）になれたことをとても嬉しく思います。私の体験したことが皆さんの心に届く言葉になったかどうか甚だ自信はありませんが、少しでもお役に立てれば幸いです。

　最後になりましたが、これまで出会った子ども達や保護者、先生方、「集大成の本に」と言ってくださった風鳴舎の青田恵様、いろいろな注文に応えて素敵なイラストを描いてくださった和泉りきょう様、そして、手にとって下さったあなたにこの場をおかりして感謝いたします。

　　　2021年　　秋の山里にて

　　　　　　　　　　　　　　　　　　　　　　　成沢真介

引用・参考文献

石隈利紀・田村節子「チーム援助入門」図書文化

上野一彦監修／酒井幸子・中野圭子「ケース別発達障害のある子へのサポート実例集　幼稚園・保育園編」ナツメ社

大宮勇雄「学びの保育の物語」ひとなる書房

木村順「育てにくい子にはわけがある」大月書店

木村順「感覚統合をいかし適応力を育てよう１　発達障害の子の感覚遊び運動遊び」講談社

玄侑宗久「荘子と遊ぶ」筑摩書房

栗城史多「NO LIMIT　自分を超える方法」サンクチュアリ出版

佐々木正美「子どもへのまなざし」福音館書店

佐々木正美「続　子どもへのまなざし」福音館書店

坂井聡・宮崎英一「ちょこっとコミュニケーション」学研

佐藤剛監修・永井洋一／浜田昌義編集「感覚統合Ｑ＆Ａ」協同医書出版社

篠崎純子・村瀬ゆい「ねえ！　聞かせて、パニックのわけを発達障害の子どもがいる教室から」高文研

白石正久「子どものねがい・子どものなやみ」かもがわ出版

中川ひろたか／村上康成「えんそくバス」童心社

成沢真介「虹の生徒たち」講談社

藤本一司「倫理学への助走」北樹出版

藤本一司「愉しく生きる技法」北樹出版

ぽれぽれくらぶ「今どきしょうがい児の母親物語」ぶどう社

松浦寿輝「月の光」中公文庫

丸山美和子「発達のみちすじと保育の課題」IUP

森孝一「ADHD サポートガイド」明治図書

山口創「皮膚感覚の不思議」講談社

ユクスキュル「生物から見た世界」岩波文庫

L・R. ワトソン／ C. ロード／ E. ショプラー「自閉症のコミュニケーション指導法」岩崎学術出版社

ルソー「エミール」岩波文庫

（その他、参考文献・資料、省略）

サポートブック　サンプル

本書112ページで登場したサポートブックのサンプルです。『この子はこんな子です』ということを、初めてその子に接する人に伝えるためのツールです。入園、入学、福祉サービスの利用時などに事前に伝えておくと安心です。一人ひとりに合わせて項目や内容などを作り変えてお使いください。

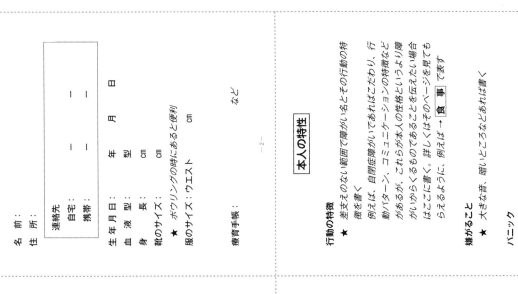

サポートブック

（顔写真）

名前

学校名：　支援学校　　学部　　年
住　所：　　ー　　ー
連絡先：　　ー　　ー

—1—

個人ファイル

名　前：
住　所：
連絡先：　自宅：　　ー　　ー
　　　　　携帯：　　ー　　ー

生年月日：　　年　　月　　日
血液型：　　型
身　長：　　cm
靴のサイズ：　　cm
★ ボウリングの時にあると便利
服のサイズ：ウエスト　　cm
療育手帳：　　など

—2—

健　康

身体上の留意点
★ 手指を動かす時、歩行時など身体に配慮することがあれば記入する

健康状態
★ 治療中の疾病や気をつけることがあれば記入する

体　力
★ 体力面に不安があれば配慮することを具体的に書く

—3—

本人の特性

★ 差し支えのない範囲で障がいるとその行動の特徴を書く
例えば、自閉症障がいであればこだわり、行動パターン、コミュニケーションの特徴などがあるが、これらが本人の性格というより障がいからくるものであるのでここに書く。詳しくはそのページを見てもらえるように、例えば→ 食事 で表す

行動の特徴
★

嫌がること
★ 大きな音、暗いところなどあれば書く

パニック
★ パニックがある場合には簡潔に記し、詳しくは パニックで困ったときの対応の仕方 の項目を作って記入する

—4—

コミュニケーション1

★ 日常のコミュニケーション手段について理解面と表出面に分けて書く
→ことば（音声、文字）、表情、身振りカード（写真、絵）など

理解面
★ 視覚的に示した方が理解しやすい場合は書いておく

表出面
〈要求の仕方〉
★ 何かしたい時やしてほしい時の表し方
★ 我慢する、表情にあらわれにくいことがあれば書く

〈拒否の仕方〉
★ 嫌な時、したくない時の表し方

外出・移動

外出について
★ 外出を好むかどうか
★ 歩くことが好きかどうか、どのくらいの距離を歩けるか
★ バスなどの公共交通機関を利用するとき、マナーを守って乗れるかどうか

初めての場所へのこだわり
★ 初めての場所に入れない等のこだわりがあるかどうか
★ 対応の仕方があれば書く

日常生活における理解

言葉
★ どれくらい言葉が理解できるか具体的に書く
→ コミュニケーション

数の理解
★ 数唱ができるかどうか。できる場合はいくつまでできるか
★ モノの数を数えられるかどうか

マッチング
★ マッチングできるものがあれば書く
（具体物、写真、マーク等）

時間や予定に対する見通し
★ 一日の活動予定に対する見通しがもてるか
（必要な手立てがあれば書く）
★ 予定の変更を受け入れられるか。また、予告が必要であればどのくらい前までなら受け入れられるか

食事

好きな食べ物
★ 具体的な食べ物の名前を書く

嫌いな食べ物
★ 具体的な食べ物の名前を書く

配慮していること
★ 箸、スプーン、フォークが使えるか
★ 支援が必要であればどの程度必要か具体的に書く
★ アレルギー等で食べられないもの

心理的な安定

（調子の波があり不安定な場合に書く）
★ 心理的に不安定になることがあれば、次の項目に分けて具体的に書く
★ 外的な面と内的な面から
原因　★ 様子
頻度
対応の仕方

パニックや困ったときの対応の仕方

（パニックがある場合に書く）
パニック（あるいは不通行動）について
★ 次の小項目に分けて具体的に書く
原因
様子
対応の仕方

コミュニケーション2

挨拶
★ 自分からできる、言われればできるなど書く

対人関係
★ 初めて会った人に慣れるまでに時間がかかるかどうか

身体接触
★ 身体接触を好まない場合は、どのように接すればいいのか等を書く

好きな話題
★ 興味をもっていることなどよく話題にしていてコミュニケーションのきっかけになるものがあれば書く

（著者プロフィール）

成沢　真介（なりさわ・しんすけ）

元特別支援学校教諭。文筆家。自称「河童先生」。荘子とH.D.ソローに影響を受ける。日本児童文学者協会にて丘修三氏より児童文学を学ぶ。「ADHDおっちょこちょいのハリー」「ジヘーショーのバナやん」（少年写真新聞社）「自閉症・ADHDの友だち」（第7回福田清人賞候補作、文研出版）など絵本や児童書の他、「先生、ぼくら、しょうがいじなん？」（現代書館）「虹の生徒たち」（講談社）など著書多数。文部科学大臣表彰、日本支援教育実践学会研究奨励賞、兵庫教育大学奨励賞を受賞。

カバーデザイン：渡邊民人（TYPE FACE）
カバーイラスト：前川侑子
本文イラスト：和泉りきょう
販売促進：黒岩靖基、恒川芳久、松本笑佳、吉岡なみ子

生きづらさを抱えた子の本当の発達支援 （これからの保育シリーズ⑩）

2021年12月24日　初版第1刷発行
2022年11月7日　初版第3刷発行

著　者　　成沢真介
発行者　　青田　恵
発行所　　株式会社風鳴舎
　　　　　〒170-0005　豊島区南大塚2-38-1 MID POINT 6F
　　　　　電話　03-5963-5266／FAX03-5963-5267
印刷・製本　モリモト印刷株式会社